LAUNCH 首发

首发03: 小兴趣商业

场景实验室 编著

中信出版集团 | 北京

图书在版编目（CIP）数据

小兴趣商业 / 场景实验室编著. -- 北京：中信出
版社, 2022.2
（首发；3）
ISBN 978-7-5217-3886-5

Ⅰ.①小… Ⅱ.①场… Ⅲ.①商业模式－研究 Ⅳ.
①F71

中国版本图书馆CIP数据核字(2021)第276716号

小兴趣商业（首发；3）

编　　著：场景实验室
出版发行：中信出版集团股份有限公司
　　　　　（北京市朝阳区惠新东街甲4号富盛大厦2座 邮编 100029）
承 印 者：北京利丰雅高长城印刷有限公司

开　　本：787mm×1092mm　1/16　印　张：9　　字　　数：120千字
版　　次：2022年2月第1版　　　印　　次：2022年2月第1次印刷
书　　号：ISBN 978-7-5217-3886-5
定　　价：69.00元

图书策划：小满工作室
总 策 划：卢自强　　策划编辑：丁斯瑜　　责任编辑：董婧
营销编辑：任俊颖　　整体设计：詹嘉欣

目录 CONTENTS

004
卷首文│小兴趣，大梦想

体验 eXpLOre

010 **观念文章**│小兴趣商业：
为什么越边缘越主流

018 **首发圆桌**│小兴趣的真实生活
与商业机会

034 **首发榜单**│小兴趣商业十大创新应用

想象 IMaGINe

059 **专题一：从小兴趣来，向主流去**

060 年轻人的兴趣消费有多"野"

066 对话资深玩家：小兴趣的背后故事

069 尤宪超：玩具的生命力是持久的
074 不是闷：全职手账博主的全新课题
080 常艺：人生的道理都是山和海教给我的

084 "被收编"的小兴趣

088 **专题二："掘金"小兴趣**

090 发现同好：
"Z世代"的小兴趣"应许之地"

094 反向溯源：
小兴趣商业的基础设施建设

096 进攻细分市场：
大品牌的"诺曼底登陆"

103 **专题三：数字时代的小兴趣商业预想**

104 英雄所见略同：与媒介共生

108 小兴趣商业六大趋势预测

112
观念对谈 iNTeRAcTION│
别有洞天，小兴趣的桃源经济
（吴伯凡、吴声、李翔）

124
首发书单│小兴趣商业

126
首发盘点│"小兴趣商业"代表品牌

140
首发预告│数字市井

街头涂鸦，写着"以此纪念我们挚爱的亚文化" © 图源于UNSPLASH

小兴趣，大梦想

MinOrity Hobby, Big dReam

对于当下的年轻人来说，"如何描述自己"既是一个深刻的价值符号问题，也是一个新鲜的兴趣时尚问题。无论是"再部落化"，还是"懂即自我"，都在表达相比于个人先天条件或社会规范路径下获得的成就，"Z世代"更愿意用自己对某领域的深入见解或某个独特的兴趣群体来定义自己。

提到年轻人的"小兴趣"，"亚文化"可能是绕不开的一个词。大卫·雷斯曼提出，大众文化和亚文化（次文化）的差别是一种"被动"和"主动"的差别：大众是"消极地接受了商业所给予的风格和价值"的人，而亚文化则是"积极地寻求一种小众的风格"。由于亚文化直接影响人的具体生活方式和社会心理环境，对于身处其中的个体来说，其影响力往往比大众文化更大，特别是它赋予了人一种可以辨别的身份和属于某一群体的特殊气质与话语体系。

我们无意在此探讨亚文化深刻的社会学意义，而是以"小兴趣"的繁荣为表象，将其视为一种时代命题：当个体文化对集体文化造成挑战，真正生长于网络社会的一代人，不再甘于只坐在舞台下当观众，而是更希望站在聚光灯下成为表演者。

"唯有小众的才是流行的。" 信息技术、社交平台和用户友好型创作工具的普及，无疑有助于小兴趣群体实现更大范围的影响力与更快速度的内容更迭。"圈层ID"成为许多年轻人的第二身份，"兴趣变现"也早已不再是一个需要论证的命题。圈层身份的认同是一种差异化生活方式的认同，人们在一个又一个看似光怪陆离的小兴趣中找到归属感和自我实现的价值。而反过来，在某种意义上，小兴趣也是将个人生活、社交、商业统合在一起的社会整合机制，它将参与其中的年轻人整合进这个社会，共同回答时代的大命题。

"你的兴趣，价值千万。" 小兴趣更深层的价值，对个体来说是一种生活方式下的幸福感和成就感；对于商业来说，则是全新的需求机会和市场模式。商业历史上，大公司大品牌以规模优势的思路来扩张市场，用同一款产品、同一种营销方式来应对所有消费者。现在，这种方式仍然是很多品牌的惯性，但在面对"00后"主导的消费市场时已无法奏效。品牌，特别是新晋品牌，不得不以另一种更细致和独特的话语体系与年轻消费者们沟通。打动用户从来没有如此"艰难"而又"简单"过。

文 / 王若师

"如何描述
自己"

HOw   To
    dESCRIbE
YoURsELF

主题标签

又称为话题标记、题标，是互联网的元数据标签类型之一，由一个井号加上一个词、一个单字或没有空格的一句话所构成。通常使用在微博及社交网站的帖子中，用来将各篇独立的帖子串联在一起。如此一来用户便可以借着各种题标链接到同一个平台内标记有相同题标的其他帖子。

Hashtag

A hashtag is a metadata tag that is prefaced by the hash symbol, #. Hashtags are used on microblogging and photo-sharing services such as Weibo and other social media as a form of user-generated tagging that enables cross-referencing of content; that is, sharing a topic or theme.

体验

EXPlore

LAUNCH自发 | 小兴趣商业

小兴趣商业：
为什么越边缘越主流

miNoriTy HobBy busiNess:
the smAller, tHe betteR

商业价值链的天平，是从什么时候开始朝"个体"一端倾斜的？

从"大网红"失灵，"纳米网红"代表的分布式、人格化连接形态崛起；从DTC模式（直接面对用户的品牌建立方式）掀起消费巨浪，每个"新观念"都在支撑新品类诞生；从"内容电商"向"兴趣电商"生态跃迁，更深入圈层用户的"消费场景"被极致定义……那些微小、分散、符号化的情感联系与个体生活方式讨论，从一个个商业"隐秘的角落"，被正式摆放到了新价值的聚光灯下。

关于立足个体"重塑增长"的新分野也由此产生。"一切坚固的东西都烟消云散了"，几乎成为过去几年所有行业的口头禅。而理解个体的"非共识"或者"新共识"从哪里来？是快手正开拓的"数字化普惠人群"的新信任关系，还是B站携"后浪"无限细分的生活方式汹涌澎湃，或者以小红书、大众点评为代表的数字化用户推动的"线上繁荣"，正在重新定义线下场景的"目的地"逻辑？

理解小兴趣商业，首先要理解数字化赋能下的全新个体形态：天生边缘、自组织、开放协作。"数字化原住民"的基因与群像，天然就是"边缘、快速与离散"的。小兴趣商业并不只是想强调"小众爱好""细分品类"——**小众不是目的，细分不是结果。**

Niche is not the goal, segmentation is not the result.

一切"日常"其实早已有之，关键是数字化表现出的越来越深入细微、无远弗届的特征，让每个"小"都可以成其大，每个"细分"都是更高维度的系统与生态。我们正在进入一个效率与温度的再平衡时代——不惜一切代价满足用户的最微小需求，因为这种微小与具体才能隐喻当下的意义追寻和生活表征。

所以小兴趣商业的提出，在于注解今天"越边缘越主流"的商业现象背后的认知与方法。小众才是大众，离散才是流行，随机生活中涌现意义，因为数字生活的"新启示录"已经不言自明。

⚠ ↗ REBUILD 重塑
THE GROWTH 增长

精准连接的新价值。 小兴趣商业不是品类细分的结果，而是数字商业"高像素化"从量变到质变的表现，因为持续深入场景缝隙的"精密传感"，催生新商业模式的价值。

智能供应链支撑的场景DTC，数字化驱动的人、货、场重构，新的基础设施与发表平台，都在为连接的"精准"进一步赋能。今天寻求增量的企业无论大小，都需要具备这种传感更加敏捷、联系更加亲密的能力，完成更多"隐秘兴趣"的开发，实现体验效率与情感联系从割裂到融合、线上线下繁荣的二元归一。

深耕用户的新入口。 小兴趣商业意味着更加专业主义的用户关系，以及场景知识图谱的参与式共建。从超级用户到超级社群，定义新的圈层共同体和自组织形态。

新消费主义，本质在于消费认知、知识与专业，在每个最小的兴趣中找寻人生。专业化的工具、社区与电商，买手店精选模式的全品类化，以及多抓鱼、十三余、高达基地这样的"线下KOC（关键意见消费者）社群中心"逐渐长成……随时发起、随时聚集的"用户根据地"背后，越来越多小圈层、小认知、小标签，借助成熟的数字化基础设施，自发完成组织纪律与运转机制的构建。

超级IP的新场景。 小兴趣商业以新价值观、新生活方式公约数，不断推动社区革命、城市更新与社会实验的发展。最小生活单元的个性和多样性开发，决定今天要从"同质化面貌"中突破重围的城市IP。

一刀切的时代正在过去，"用户型城市"的理念，要求数字时代的城市规划与治理更多考量"边缘人群"。城市IP的打造从设计师偏好，变成每个"场景社群"用脚投票。数字烟火气、弹性公共空间、在地性探索……更多全时全域的繁荣，在新场景的极致开发中不断被释放。

不止一个APP、一种品类，小兴趣商业在更高维度上与现有世界平行，它是一扇任意门、一个元宇宙。

线上平台
online platform

多抓鱼是一家促进优质耐用品循环使用的新型二手电商。©图源于多抓鱼官方微信号

每种边缘生活方式的共识，都可以从商业维度以主流姿态架构一次。

Construct the consensus towards all marginal lifestyle with commercial perspective and prevailing stance.

线下商店
store

多抓鱼书店循环商店是多抓鱼品牌将循环理念的具象形态的体现。北京店（上图）于2020年4月1日在北京大望路恢复营业；多抓鱼综合循环商店上海店（上上图）在2020年12月26日正式开始营业。©图源于多抓鱼官方微信号

在地铁捡恋

在绿化带捡

我在

再京

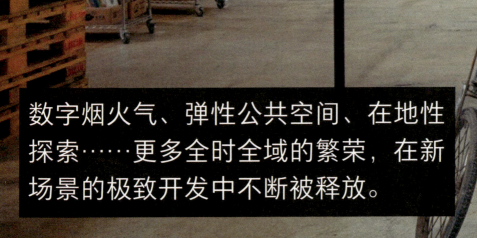

数字烟火气、弹性公共空间、在地性探索……更多全时全域的繁荣，在新场景的极致开发中不断被释放。

多抓鱼
回收站

我在都市里浪漫拾荒

北京机电院七十五号楼
九月十九日至十月十日 13：00-24：00

多抓鱼于2021年国庆期间在北京举办的限时活动——再就业市集。©图源于官方微信

Digitalized lifestyle, Versatile public spaces, localized exploration...The non-stop and all-dimensional prosperity was created from the ultimate development of new possibilities.

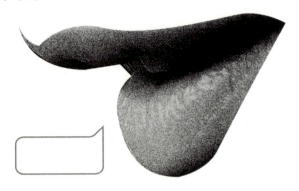

小兴趣的
真实生活与商业机会

Real-life AppLiCATioN
and
the buSiness oppOrtunities
of MinOrity hobBy

LAUNCH ROUNDTABLES

©图源于UNSPLASH

©图源于UNSPLASH

©图源于HUNTER官网

©图源于Buff官网

iNtervieweE No.01

受访人：程强

摩托车生活方式品牌 "绝妙驾驭" /设计师

喜欢复古和改装摩托车是我的一个小兴趣，我身边也有很多这样的朋友，因为喜欢改装摩托车而进入这个行业。

在我的概念里跟小兴趣相关的商业案例非常多。很多大众熟知的时尚潮流品牌都跟兴趣有关，比如Vans、Supreme源自滑板文化，Buff跟摩托车骑行有关，HUNTER跟狩猎相关，The North Face最初来自登山领域，等等。当下在移动互联网的推动下，很多大众感知不那么强烈的兴趣，比如钓鱼，都有成为户外运动大产业的趋势，一个钓鱼类目的抖音大V都能有2500万粉丝。

我们选择"小兴趣"作为自己立足的行业或事业，不是因为小，而是因为"兴趣"。"小兴趣"的商业机会有两个：一个是"聚人"，利用互联网让小兴趣的个体能形成大群体，这个大群体的需求就是商业机会；另一个是"出圈"，通过对小兴趣商业的不断探索，引领潮流并形成文化现象，让它成为大产业里的普遍需求。

前者是大部分小兴趣商业的模式，后者才是真正的机会，可遇不可求。所以我们定义的"小兴趣商业机会"并为之努力的目标就是创建品牌。把"小兴趣"作为当下追求个性化生活方式的一个命题，建立鲜明的群体特征，打造有独特魅力和精神追求的文化符号，引起更多人的共鸣，以实现"出圈"，成为更主流的兴趣，即满足人们对精神生活的朴实追求，实现小兴趣商业机会的可持续发展。

探索书影音

参考豆瓣评分与榜单，发现优质书影音

在小组交流

与同好一起深入交流、寻找共鸣

©图源于官方

©图源于官方

iNtervieweE No.02

受访人：顾见

《趣说金融史》作者，阑夕自媒体主笔

我想重点聊聊小兴趣的商业机会，有两个方向。

一是非标行业的标准化、数字化。小兴趣之所以称为小兴趣，说明其多少还是有些隐蔽性，不易被大众发现。你喜欢看电影可以去刷豆瓣，喜欢玩游戏有TapTap，但是如果你喜欢汉服，可能一时半会找不到对应的APP。那么，为这类兴趣爱好创造"数字化大本营"，一端连接人，一端连接产业，就是很好的商业机会。比如咪咕圈圈不久前就进行了品牌升级，致力于成为一站式华服文化服务云平台。同理，对于那些还在通过豆瓣讨论组、百度贴吧、QQ群建立关系链的兴趣圈层，都是很好的突破口。

二是小兴趣圈层的自主进化。我们知道，很多长尾兴趣爱好其实不具备破圈空间。比如我认识一个B站UP主，做蚂蚁知识科普。这个爱好者圈层在全国范围内有10万~15万人，可能一两年过后还是这群人在玩，规模就到这了。我们不可能指望这类兴趣爱好从小众走向大众，但这十几万人有足够的黏性和消费意愿。那么类似的商业机会可能就在于圈内人自发形成一个服务层，比如通过订阅等模式为这类兴趣提供专业化解决方案，把ARPU（每用户平均收入）做上去。

©图源于官方

闲不住？上闲鱼！

闲不住的买/卖/逛/聊/玩

闲置能换钱

30s发布宝贝，快速回血

©图源于官方

iNtervieweE No.03

受访人：熊猫

露营生活探索者

除露营之外，我身边还有朋友是汉服爱好者。

B站、闲鱼是比较有代表性的案例，它们也成为很多小兴趣生长的阵地。

我理解的"小兴趣"，不仅仅是某一种细分场景，也不仅是某一特定用户圈层，而是需要深入具体场景打造产品，具有灵活性、符号化的特征。

最重要的是深入场景。比如露营，有人做成在自然环境中度过一夜、一切以原生态为主旨的野营，深度融入自然；有人做成当下流行的轻奢风，风格、品味、享受成为体验的核心；还有人并不在意露营本身，而是意在户外活动。对于用户来说，这些都是可体验的不同产品。

但是"小兴趣"却不局限在某一类特定的场景中，如果仅做成"兴趣爱好者"们的生意，那就真的"小"了。小兴趣往往可以灵活地嵌入更多生活和社交场景中，凭借其显著的符号特征，或成为一种点缀氛围的元素，或成为一种社交的载体，或传达一种生活态度。正如主题越来越多样的咖啡厅、玩法越来越多样的购物综合体，甚至各类旅游景区开始玩起"剧本杀"等，诸多的"小兴趣"成为商业创新的突破点。

"小兴趣"有大玩法，在体验成本低的条件下，用户群体也并不小。

iNtervieweE No.04

受访人：宋忠冬

体育媒体人

我是一个体育媒体从业者，本人以及身边的同事都比较喜欢收集球鞋。

"得物"算是一个从小兴趣发展为大生意的典型代表。

从我所在的互联网平台模式来看，商业化的路径大致是三个阶段：产品（内容）—— 流量（用户）—— 收入（招商、电商）。小兴趣必然具有"强内容"属性，也会形成以社群为机制的类平台属性，所以探讨小兴趣商业的机会，可以围绕这三个阶段去思考。

产品是鱼竿，内容是钩子，好的内容永远是最核心的竞争力。理解兴趣圈层的文化，通过自制和生态化方式，增加好内容的数量和维度，首先满足用户的内容消费需求。以内容深度连接用户，将"算法+编辑企划"作为运营方式，能有效提升分发效率，但重要的还是如何始终与兴趣圈层用户保持同频，KOC矩阵以及用户激励机制建设，都是有效方式。

用户的连接深度才意味着真实的商业机会，垂直内容付费、小众兴趣电商都是可深入的商业化方向。

iNtervieweE No.05

受访人：阿枪

学生

个人喜欢做手账、电子手账。

前几年手账特别火，很多品牌开始出手账本、贴纸，以及夹子、彩笔、胶带等相关产品，颇具规模。近几年随着无纸化潮流的兴起，以及平板电脑等硬件设备的完善，电子手账开始发展。所谓电子手账，就是经过编辑的pdf文件，可以在各种笔记软件上使用，功能有简有繁。在微博超话能看到许多制作电子手账的博主，她们（个人观察发现多为女性）甚至会将自己的作品进行售卖，单个文件会开价到几十块钱。

我比较想了解，从类似手账这种小兴趣中延伸出来的商业案例多吗？作为"第一个吃螃蟹的人"，在行业还不成熟时会遇到哪些困难，又该怎么克服？

"MATNUT X SUCCULENCY"

Although Succulency's works use black and white as the main creative technique, familiar or unfamiliar d scenes can be found in each work, and there is a lively firework atmosphere. The depiction of life in Japa more like a city postcard, which makes people yearn for this land. He uses his lovely artistic expression free painting style to make his works distinct. Every time he walks through a familiar street, he seem come across a beautiful scene.

MATNUT

succulency插画延伸产品 © 图源于官方社交媒体

Noritake插画延伸产品 © 图源于官方社交媒体

iNtervieweE No.06

受访人：阿乐
绘本作家

我的兴趣是画日常手绘小漫画，记录生活、旅行、工作里的有趣小事。原本就像记日记一样比较随意，但积累的日常小画越来越多，后来有机会把画出版成书，以及制作成本子之类的文创产品。

我会关注一些插画家或漫画家把自己的作品做成各种类型的周边。比如succulency，它是插画师succulency以笔名创立的原创插画设计品牌，它的巴西柔术主题的插画周边产品很受欢迎。类似的还有Noritake。

从手绘领域看，更多的商业机会还是将作品开发成各类型产品，我现在的关注点也是这个。再进一步，就是如何从产品变为有个人风格的品牌。

受访人：来自星星的圆圆

自由职业者

我的兴趣是根据生辰八字来测算运势。

我观察到的小兴趣品牌，就是越来越多的盲盒品牌，类似泡泡玛特、TOPTOY。

© 图源于官方社交媒体

© 图源于官方社交媒体

iNtervieweE No.08

受访人：郝晓雨

玩具设计师

我的兴趣是制作泰迪熊玩偶。

我现在做的泰迪熊玩偶就是很典型的小兴趣商业，这几年才在中国发展，"娃圈"或者古董泰迪熊收藏圈的人会关注，是很小众的群体。

我对小兴趣商业这个话题感兴趣，是因为想看到更多专注于自己兴趣爱好的人，欣赏他们对喜爱之事的专注与坚持。

iNtervieweE No.09

受访人：马亮

HEA发展总监

我出生在岭南地区，从小到大每逢节庆，必有舞狮助兴。在耳濡目染下，我对舞狮文化产生了浓厚的兴趣。对我来说，这种特殊的记忆，变成了一种热爱和情愫。

HEA国潮品牌。

我认为小兴趣可以引发大商机，这是一种长尾效应。现代人几乎都在追求"个性化"的风格，以HEA为例，它由最初的"小兴趣"共鸣引发了一群人的认可，再加上持续的文化输出和传播，相继与多家国际品牌开展联动，成功让其代表性的国潮醒狮IP形象深入人心，在国潮品牌中，具备了高辨识度和影响力。关于小兴趣商业的未来，我更关注在打造综合性IP主题产业的进程中，如何做强中国文化IP，以成为影响中国"Z世代"人群的标杆品牌为目标而努力。

© 图源于官方社交媒体

iNtervieweE No.10

受访人：赵琰

学生

我喜欢棉花娃娃、小钥匙扣，买这些都会跟我喜欢的CP联系起来。

"Rua娃吧"（专业搞棉花娃娃），现在其实更流行定制娃娃或者钥匙扣。

我比较感兴趣的是，如何尽可能让大家真心喜欢这些小东西，理解它背后的文化，而不只是跟风购买。

見南花
NANCHOW™ 手工水泥花砖
Handmade Encaustic Cement Tile
MADE IN XIAMEN

1/ 见南花选择以铜片手工制作花模，相比之下，铜片质地更软，可塑性更高，不易生锈，可以让纹样更清晰，拓展花砖图案的更多可能；2/成都IIIVIVINIKO空间使用见南花水泥花砖；3/仁恒仓街故居花园使用见南花手工水泥花砖；4/ "香承" 是利用见南花水泥花砖生产中的剩余材料设计开发的 MATERIAL BOUNDARY系列的产品，由见南花材料实验室的技术人员与产品设计师联合开发完成。©图源于官方社交媒体

iNtervieweE No.11

受访人：吴红岩

胶囊茶语（北京）茶叶有限公司/市场总监

张岱曾言： "人无癖不可与交。" 偏于私人体验的 "小兴趣" 越来越让人感兴趣，其背后所反映的，实则是个人精神需求的觉醒，自然也就因此诞生了一定体量的 "小兴趣商业"。我个人的小兴趣是民艺，民艺在邻国日本发展得非常充分，日本民艺之父柳宗悦的相关著述更是影响甚众。

来自厦门的 "见南花"，多年来始终坚持水泥花砖的研究和生产，不仅致力于保护厦门当地的花砖文化，还能够推陈出新、不断跨界，研发出众多包括镇纸、香插等在内的创意产品，将水泥花砖这一小众的 "小兴趣商业" 一点点曝光在大众面前，不疾不徐， "自然造血"，最终形成可持续的商业模式，令人敬佩，更值得所有 "小兴趣商业" 品牌学习借鉴。

国内外是否有专门致力于 "小兴趣商业" 研究的机构或者平台？又有哪些 "小兴趣商业" 的代表品牌值得关注和学习？

iNtervieweE No.12

受访人：文杰
北京双面映像文化传媒有限公司/助理

我喜欢露营。

非常推荐雪峰snowpeak这个品牌，它出的每一款露营产品都不会"翻车"。

是不是可以有一个集合式APP，让大家可以按分类寻找自己喜欢的小兴趣？

iNtervieweE No.13

受访人：大好周六

我喜欢纸质杂志，喜欢收集邮票、酒店信纸、便笺纸。

*Monocle*杂志，准确地说它是一个帝国，涉及面很广，喜欢的人喜欢得要命。

小兴趣和亚文化有什么区别？小兴趣商业是人群细分再细分的产物吗？

iNtervieweE No.14

受访人：花小虫同学
人铁互娱科技/总经理

我观察到周围的人喜欢魔方、绿植、潜水、纪录片、填词，以及看有图片的菜单。

PADI国际专业潜水教练协会、魔方小站。

偏知识型的小兴趣商业如何维持用户黏性？

© 图源于官网

© 图源于官网

© 图源于官网

© 图源于官网

"野生青年艺术节"灵感来源于"直岛贝尼斯艺术之地"。现代都市正淹没在物质和信息当中，我们希望创造一片远离城市喧嚣的"野生岛屿群"，一个属于艺术青年的"野生乌托邦"。一场艺术对话，一个属于野生青年的艺术节！◎图源于官方社交媒体

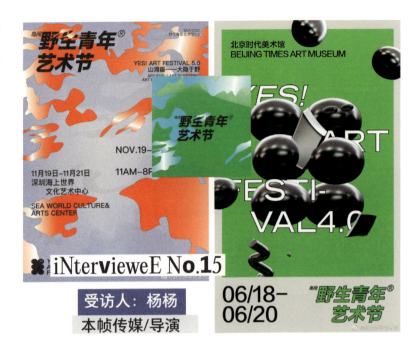

滑板、乐高、手工造花、蒸汽朋克昆虫、音乐剧、舞踏。

B站是小众爱好者聚集地、教学地，平价潮玩泡泡玛特，北京野生青年艺术节。

小兴趣和大受众的商业悖论如何破解，如何形成良性的产业链？

iNtervieweE No.16
受访人：Aimmee
互联网从业者

我身边有很多人喜欢"赶海"——下海捕鱼、海滩拾贝、礁石猎奇……快手站内有700多位"赶海"作者，每天产出2000多条赶海内容，400多万渔业兴趣用户观看。为什么大家对"赶海"感兴趣？生活在繁忙的都市，对代表诗与远方的海洋有着无限向往，在观看别人掏蛏子、捉螃蟹、挖蛤蜊的过程中得到休憩，实现了"云赶海"。

快手上就有很多"小兴趣"内容，比如"赶海"，比如唢呐（快手创作者@陈力宝唢呐）。其他平台，比如豆果美食，则是烘焙爱好者的兴趣平台。

小兴趣的商业机会在于延伸服务链条：首先是为小兴趣人群提供LTV（生命周期价值）服务，比如"赶海"，除了内容观看和海产品购买，还可以提供更加个性化的体验活动等；其次是为小兴趣增加更多情感满足的价值，用户"线上+线下"的社交融合，形成"虚拟+真实"的全面情感连接。

松冈道弘作品© 图源于官网

© 图源于官网

iNtervieweE No.17

受访人：马瑞

撰稿人、某世界500强企业品牌运营官、业余黏土玩家

我的兴趣是黏土。其实从女娲造人开始，人们对动手"玩土"的向往就镌刻在基因里，磨石成器、炼土成陶、烧泥筑砖……都让"泥土"成为人类文明进步的阶梯。1897年，世界上第一块橡皮泥诞生在英国，满足了人们的动手愿望。1930年前后，美国人和德国人相继发明了"彩泥"和"软陶"，但最终日本成为它们发扬光大的舞台。当超轻黏土出现在三岁侄女的玩具桌上，直接引爆了我对黏土长达八年的爱。

案例一：玩黏土需要想象力，日本艺术家松冈道弘的作品就是代表。他从2004年开始用黏土进行动物雕像的独立创作，将动物和机械进行结合，再加上强大的绘画功底，他的作品充满日本武士道风格。案例二：为了抓住儿童黏土消费的市场，2012年"卡乐优"创办，正式喊出"卡乐优，儿童黏土专家"的口号，快速成为超轻黏土的代表品牌。

小兴趣商业
十大创新应用

Ten creAtive aPp of
MinorITy HobBy businEss

"小兴趣"不是兴趣的无限细分，而是数字化赋予圈层或社群崭新的连接方式与协作效率。因为足够系统，更高维度的商业价值便由此产生。理解这一点，就会理解为什么一个APP或者小程序如此重要——更加高效、精准的认知模型与知识图谱正以此为入口源源不断生成。

每一个作为品类符号的APP都可以打开一个"小宇宙"，它背后的专业主义、自组织机制和原创内容企划，都在诠释什么叫作"提案一种生活，并且坚定地去实践它"。

关键词：符号化买手集合

© 图源于官方公众号

继自媒体"公路商店"和"黑市"后，公路商店又陆续做了电商APP、线下传媒，还有上海624changle&公路商店、杭州FMU公路商店、成都公路商店OTRS 10111B等几家小酒馆，核心依旧是"为你不着边际的企图心"的精神延展。

公路商店APP宣称：在世界各地寻找冒犯"主流"的商品，来挑战"主流消费"的命令。上面的买手包括媒体艺术家、常驻卖家和精选用户，以"内容社区+买手电商"的"文化探索"体验形态，将全球潮流商品策划为面向国内市场的独特提案。譬如其推出的"BOX计划"——"世界啤酒"和"便利店酒精"系列，以盲盒形态交付"清单式"文化消费。

miNOrity HoBby

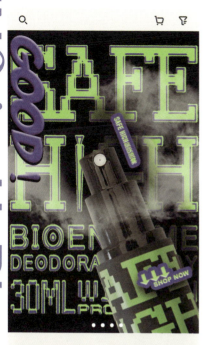

1-2/公路商店线上APP平台的界面内容；3-4/公路商店线下联名活动的海报；5/公路商店的线下实体店铺招牌 © 图源于公路商店官方微博

上榜理由： 从二手书籍到二手服饰、二手电子产品，从线下书店、循环商店再到"夜市快闪店"，围绕场景社群的每一次跃迁，都是循环商业专业主义与用户信任的持续构建。找到一个"场景缝隙"，在足够精准的连接与持续赋能中开掘新价值。

多抓鱼品牌形象© 图源于官方公众号

多抓鱼2017年上线小程序，次年推出APP。采用"C2B2C"模式（消费者—商家—消费者）切入二手书交易，并自建运营回收系统和定价机制，实现二手闲置书籍交易标准化，一改过往"脏乱差"的问题。

多抓鱼APP具备较强的工具属性，首页涵盖图书ISBN码扫描查询功能，以及服饰、电子产品的品牌、款式检索。以图书为例，包括"鱼编推荐""豆瓣8.5""多抓鱼鲜鱼榜"以及各个兴趣圈层的标签化书单，再进一步通过关注感兴趣的图书分类、猜你喜欢、推荐这本书等操作，在匹配用户阅读偏好的同时，以精准信息采集、反馈来调整供求平衡，探索垂直循环电商的专业化与高效率。

1/多抓鱼循环服装线上商店板块上线；
2/多抓鱼公众号页面，持续更新品牌相关线上、线下活动资讯；3/多抓鱼开发的自身IP产品之———胸针；4/多抓鱼与FIRST青年电影展合作开展的快闪活动，共同宣传「可持续」这一理念。
© 图源于公众号及官方小程序

绒猫胸针·白
33 元 或 🐟 × 33

绒猫胸针·黑
33 元 或 🐟 × 33

FIRST 青年电影展今年已是第十五年，一直在踏实地做着自己热爱的事情——为更多的创作者提供一个表达的平台。那些在大银幕被熟悉的故事，最初是从西北的银幕上被惊讶、被震动的。

今年 FIRST 影展的关键词之一是「可持续」，于是拉着多抓鱼一起在西北的辽阔的土地上畅想着未来。

得物
关键词：潮流消费专业主义

上榜理由： 今天的消费，是消费认知与专业的体现。一个APP成为年轻人潮流集散地和社交货币的背后，关键在于让更多人在此找到自己的知识，定义自身的专业。只有小众和圈层不断深入形成的知识图谱，才足以构建完整意义上的品类生长和养成。

得物定位于"集正品潮流电商和潮流生活社区于一体"的潮流网购社区，聚集一大批球鞋、潮品穿搭和潮流文化的爱好者，话题讨论集中在球鞋、潮牌、手办、街头文化、汽车、腕表和时尚艺术等年轻人关注的热点话题。

不仅深耕垂直内容电商，得物还围绕现有经营品类，

发力于鉴别真假与查验瑕疵服务，以强中心化平台定位重度运营、流程把控：商品上架的标准化、竞价交易机制的公平性、履约交付的统一性等体验。另一方面，得物社区则以持续沉淀潮流话题内容，打造年轻用户的潮流风向标和发声阵地。

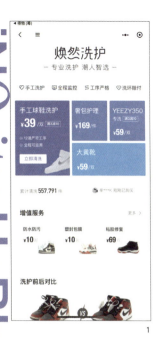

1　　　　　　2　　　　　　3

4

5

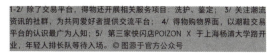

1-2/ 除了交易平台，得物还开展相关服务项目：洗护、鉴别；3/ 关注潮流资讯的社群，为共同爱好者提供交流平台；4/ 得物购物界面，以潮鞋交易平台的认识最广为人知；5/ 第三家快闪店POIZON X 于上海杨浦大学路开业，年轻人排长队等待入场。©图源于官方公众号

上榜理由：融合"当地年轻人"的视角，重新诠释城市生活的应有之义：隐秘的情感联系，不拘一格的新鲜去处，非打卡式的探索指南。城市IP被场景化社群所定义，才真正成为基于兴趣的认知进化共同体。

mars

更酷的次世代城市潮流生活社区

© 图源于官方APP界面

mars想让关于城市"隐秘角落"的探索，有更新鲜的打开方式。其团队"每年飞行50万英里，联合700多万'城市发现家'四处 check in"，用一个APP，汇集城市中更潮流、更具品质、更好玩的地点、好物和见闻。

mars APP的核心产品包括："mars好去处排行"，推荐每座城市最值得去的20个去处；"mars城市探索方案"，主打用更短时间玩遍重要地标景点的解决方案；"mars新鲜优选"，以清单形式每日更新城中热地。mars的产品还包括"mars here"系列的"城市生活指南"纸质读物。

miNOrity HoBby

1/ mars APP界面；2/ mars微信小程序界面；3/ mars微信公众号文章 © 图源于官方

上榜理由：微店在大众视野中看似沉寂，实则默默成为兴趣圈"圈地自萌"的社群中心和深入兴趣消费的顶流平台。"头号玩家带你入坑"作为微店新的用户心智，让微店的兴趣供应链模式成为"供应链是生活方式"的实践样本。

© 图源于官方公众号

微店APP于2014年上线，依托微信生态，为小微品牌提供"微信开店"解决方案，当年9月就已覆盖172个国家，有超过1200万家店铺入驻。而经历零售行业多轮转型浪潮之后，根植于社交网络的小微品牌和微店自身也不断进行模式蜕变。

微店长期服务于小微品牌的社交电商属性，赋予它成为兴趣供应链的生态禀赋——兴趣消费往往以社群自组织为起点。微店在兴趣消费领域的一战成名从"娃圈"开始，2020年微店成立"Rua娃吧"品牌，整合棉花娃娃从IP开发到电商交易的全链路。与此同时，汉服、史莱姆、饭圈……种种年轻人热衷的兴趣圈都能在微店找到阵地，微店的兴趣供应链版图不断拓展。

1

2

1/ 微店小程序购物界面；2/ 公众号界面 © 图源于官方

上榜理由： 不同于其他满足用户消费需求的产品，"形色"作为植物爱好者的互动聚集地、园林花艺从业者的工作效率提升器以及亲子教育的学习工具，利用足够丰富的样本，形成足够具体的场景和足够多样的建模解决方案，满足用户更深层次的知识与精神需求。

© 图源于官方公众号

形色APP创始团队的初心就是想把AI技术应用在日常生活场景中。从1秒识别植物到高质量内容延展，再到植物地图攻略，作为"全球最大植物图片数据库"，其背后是人工智能深度学习这一"基于统计学的记忆体"。

形色2015年上线至今，持续开发新功能，实现"植物探索生活"的专业化与社交性，譬如2.0版本加入植物地图功能，3.8版本加入果蔬识别功能。除了中国版，形色也推出海外版识花软件"PictureThis"，还将打通中英文版本，这正契合其宣传标语——"遇见·全世界的植物"。

miNOrity HoBby

© 图源于形色APP

潮汐

关键词：内观时代的疗愈生活

上榜理由： 快节奏与碎片化包裹着今天的生活，随之带来的焦虑、失眠等生理和心理问题正被越来越多人关注。"潮汐"旨在通过听觉疗愈重拾自然的美好，找寻与自己更和谐的相处方式，创造一种新的"精神消费"生活方式。

© 图源于官方

潮汐APP是一款用于睡眠、冥想、放松与专注的身心健康APP，内置丰富的自然声音、冥想练习等音频内容，结合多种声音场景，有针对性地帮助用户抽离当下情绪困境，进入另一个平和安静的时空。

极简设计风格搭配恰到好处的名言警句，让用户时刻感知产品对于需求的体贴入微的理解。实时显示"正在听"的人数，也传达着"你并不是一个人"的情绪宽慰与圈层归属感。此外，为用户提供专注、睡眠、冥想、呼吸的记录视图与订阅制会员设计，也在强化APP作为"日常心理调节工具"的使用倾向。

miNOrity HoBby

睡眠　　　　　专注　　　　　冥想　　　　　呼吸

睡眠与小憩,
和万物声音一起入眠。

每日灵感格言:
极简平静的身心体验。

森林、海洋与旷野,
把大自然装进口袋。

© 图源于官网

葩趣

关键词：潮玩版"鱼塘主义"

上榜理由：一切皆可流转，万物皆可"鱼塘"。作为泡泡玛特自主研发的潮玩社交平台，葩趣集贴吧功能和二手交易于一体，既满足玩家交易需求，更满足其社交需求。小兴趣商业的每个门类，都需要一个"全周期"服务平台。

© 图源于官方公众号

葩趣创立于2016年，是由泡泡玛特开发的专注潮流玩具的线上社区，旨在为潮流玩具的玩家提供潮玩资讯与购物服务，同时兼具二手潮玩交易功能。其目标是将购物与社区相结合，将葩趣打造成潮流玩家聚集地。

在葩趣，玩家不仅可以加入自己喜欢的潮玩圈子、发表帖子，与趣味相投的伙伴进行分享交流，还可以在平台商城进行交易，参与"卖娃""抽号""改造娃"等各类线上活动，更有机会体验"参与式设计"，与潮玩设计师们进行直接交流。

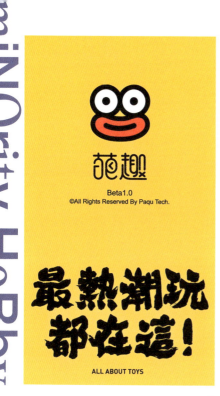

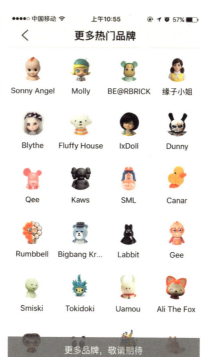

1-3/ 葩趣APP界面，包含入驻潮玩品牌分类界面、社群分享界面；4/ 官方网站上的品牌介绍 ◎ 图源于官网

上榜理由： 数字时代"人以群分"的兴趣秩序正在被更有效地界定。LOFTER的探索在于，以开放、包容、多元的自组织"土壤"，让热爱成为生产力，让社交关系沉淀为圈层知识图谱，让即兴、独特、个体的"创作"成为更加主流的生活方式。

LOFTER是网易旗下的泛兴趣社区，被用户称为"老福特"。该社区覆盖游戏、二次元、摄影、影视、娱乐、绘画、旅行、设计、文学、时尚、生活等多个兴趣领域，拥有8000万兴趣标签、1280万创作者。

LOFTER主打图文、短视频内容社区，以标签、榜单、合集的形态呈现。无论摄影师、画手、剪刀手，还是编剧、写手、coser、模特……都可在此完成热爱的输出与兴趣的发现，在"标签礼仪"和"标签秩序"中，找到一起产出、围观、讨论、分享的小伙伴。LOFTER独树一帜的"二次衍生创作榜"，全景呈现当下热门创作内容趋势，而乐乎市集则聚集全网热门衍生周边，提供个性化定制服务"乐乎印品"。

1-2/ LOFTER APP平台的界面内容；创作者分享自己的创作，以及LOFTER平台为创作者、爱好者推出的市集交易平台；3/ LOFTER与新漫画合作推出创作比赛 ◎ 图源于官方

上榜理由：针对香水爱好者打造的专业社区平台，以独特的圈层用户的需求为导向，实现内容和功能性的统一。通过香评机制和各种话题设计，使爱好者易于分享交流，帮助用户与同好者迅速建立连接。同时，平台强大翔实的内容信息，也使其成为工具型的香水百科全书。

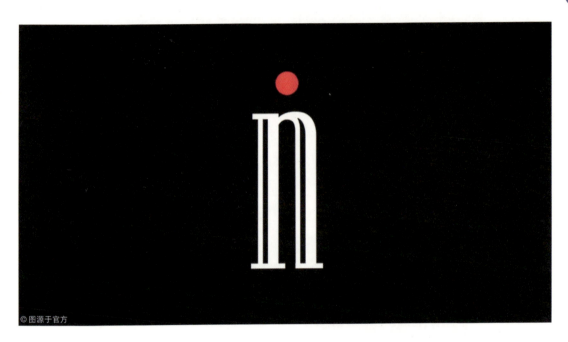

© 图源于官方

香水时代创立于2014年，是目前最全面、专业的香水爱好者社区。社区中的信息内容非常丰富，包括曾面世过的几乎所有香水的介绍、测评、排行，以及与香水相关的各种信息，从配方、香调、品牌到调香师，甚至包括香水历史，因此是可被称为香水百科全书的社区平台。

同时，该社区对于香水爱好者来说也具有很强的功能性。从试香小样的购买，到"香单"的创建、分享、收藏，再到对个人香味偏好的"嗅觉DNA"分析统计，香水时代并非千篇一律的兴趣社区，而是从真实的香水爱好者的需要出发，提供全面内容与话题性交流，使社区永葆生命力。

miNOrity HoBby

1/根据应用场景推荐香水品牌；
2/官方公众视频号根据不同主题
介绍香水品牌；3/APP平台上的
香水分类表 © 图源于官方

1

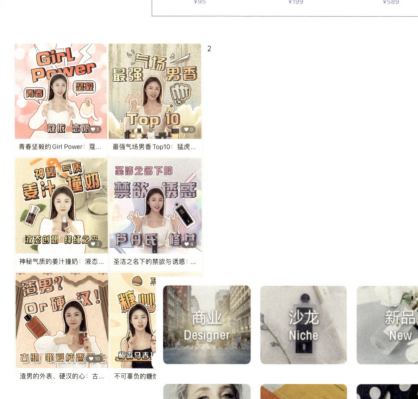

2

青春坚毅的 Girl Power：蔻...

最强气场男香 Top10：猛虎...

神秘气质的姜汁撞奶：液态...

圣洁之名下的禁欲与诱惑：...

渣男的外表、硬汉的心：古...

不可辜负的糖炒...

3

IMAGINE

想象

专题一:
从小兴趣来，向主流去

玩具、手账、攀岩、汉服、滑板、潜水、棉花娃娃、守宫、巨大沉默物体、史莱姆、菜狗……人们一边感慨年轻人的兴趣越来越看不懂，一边吃惊于年轻人兴趣消费的实力。而所谓"小"兴趣，只是外部视角的度量单位，每一个小兴趣背后都指向一群人的生活方式。无关外界理解，只关乎自我表达。捕捉小兴趣背后的商业信号，我们需要理解年轻人的消费精神，也需要作为兴趣圈层代表的资深玩家的专业视角，以更全面地探寻小兴趣商业背后的隐匿地图，更辩证地来思考小兴趣如何从小众来，又是否向主流去。

年轻人的兴趣消费
有多 "野"

How rEckLess can yoUng peoPle sPend for HoBbies

Bearbrick(积木熊) © 图源于UNSPLASH

李华君
Li Huajun

宋佳宁
Song Jianing

阿尔祖古丽
A erzuguli

作者系武汉理工大学广告学专业1901班学生，该文为小组课程研究报告。面对近年来饱受争议的年轻人的兴趣消费，作为广告学专业学生的三位"00后"作者，希望能够真正深入研究兴趣圈层，真实展现年轻群体的消费观与情感诉求。

年轻人在兴趣上的天价消费常常引发破圈热议。就在2021年4月，微博披露潮玩Bearbrick（积木熊）被炒到溢价超14倍，最贵的一只熊接近15万元；在对饭圈打榜量力而行的讨论中有网友求助，说自己为偶像打榜和投票以至于家中没有钱买种子。

当不少网友借热门事件对兴趣圈子提出质疑时，年轻人群体作为兴趣消费真正的主力，用实际行动表达了对抨击圈层文化的不以为然。年轻的圈层文化消费者的消费潜力持续展现，兴趣消费市场也越发呈现出覆盖广泛、圈层细分、快速扩张等发展态势。

1 纵观市场，兴趣圈层消费现状

首先来看几组数据：

中青校媒就"Z世代圈层文化消费现象"展开的面向大学生的调研结果显示，2020年近6成大学生关于爱好方面的花费在5000元以内；

艾媒咨询《2021年中国剧本杀行业发展现状及市场调研分析报告》《2019全球密室逃脱爱好者调查（中国区）报告》综合结论预测，2021年全国密室逃脱、剧本杀行业市场规模双双突破100亿元；

"手机中国"（CNMO）《盲盒经济洞察报告》指出，盲盒经济在近两年异军突起，预计2024年盲盒行业市场规模将达300亿元。

初步探究兴趣市场惊人的发展速度，其实我们不难理解，"趣缘群体"无论在线上还是线下，其社群连接都离不开消费，甚至可以说是以消费为基础。正如网友戏称汉服、JK、洛丽塔为"破产三姐妹"。

又比如对于"谷圈"（购买游戏和动漫衍生产品的兴趣圈）来说，"烧钱"就是这个圈子最突出的标签。陈良去年12月份才进入谷圈，购买游戏《明日方舟》相关周边。当被问到目前为止的所有花销时，她只是挠挠头说"量不少"，没有再透露更详细的数字，但是她说到进入圈子后，自己的消费习惯从一个角色只购买一个周边逐渐转为会重复购买同样的周边产品，"发现有一个特别好看的周边的话，你就想买很多，给它摆一些列阵"。

与谷圈的陈良截然不同的是，学设计的老赵最不希望发生的事情就是抽盲盒时抽到重复的娃娃。外出逛街，一看到盲盒机就要去试试手气是老赵的常态，一个还没有手掌大的小盒子，59元的价格常常令圈外的朋友咂舌。如果手气不佳抽到重复的娃娃，老赵也会上上下下仔细端详一会，最后还是决定挂到二手平台上处理。

虽然陈良和老赵都入圈不久，但是他们的故事可以说是两个圈子大部分玩家的真实缩影：==更加多元的消费观、重口碑轻品牌、既理性也冲动。==同时圈子不同，消费对象、消费习惯和消费氛围都有较大差别，这既由兴趣本身的特点决定，也是玩家用以和圈外人区分的方法，更是归属感的重要来源。各种各样的元素被提炼精简，进而构成同好社区或是圈层。

2 "千金就买我喜欢"，情感诉求引领兴趣买单

"被割的韭菜"，兴趣圈玩家被冠以这一戏称由来已久。但是青年群体在兴趣圈的消费并不是毫无逻辑可言，他们之所以始终没能在大众的刻板印象中"扳回一城"，与兴趣圈层自身特性有较大关系。

普遍来看，随着圈层的成熟，其自成一派的话语体系也在不断完善。同时，为了保持圈层独特性，这些基于兴趣组建的圈层大多不期望"破壁"。次元之间保有安全距离，在维护圈层稳定的同时，也增加了圈外人了解他们的难度，加深了因信息不对称引发的误读。小众兴趣圈层的封闭体系使它更难以

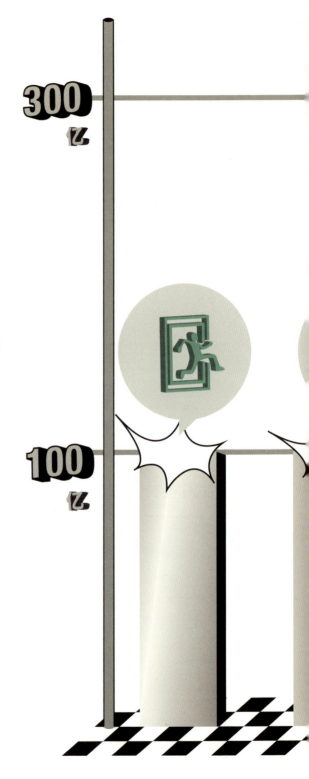

为人所知，更不要说理解他们在兴趣消费与圈层社交中的情感诉求。为了本次文章写作，我们深入采访了三位不同兴趣圈层的爱好者代表。

晓雅对汉服有着很深厚的喜爱，这种喜爱来源于她从小看过的古装影视剧、古风漫画的熏陶。汉服的出现满足了晓雅对美的一切幻想，她期望那些古典的、优雅的、精致的服饰成为她身体、气质的一部分。在逐渐深入汉服圈的过程中，晓雅还不断累积着宣扬汉服文化的使命感。

对于喜爱棉花娃娃的阿菲来说，棉花娃娃成了她表达内心、享受独处乐趣的载体。棉花娃娃最早源于追星文化盛行的韩国，经纪公司将明星的形象卡通化，制作成身高 10 ~ 20 厘米的棉花娃娃，以官方周边的形式卖给粉丝。后来随着进入圈子的人数增多，棉花娃娃逐渐分为有属性和无属性两类。

小七加入有声书圈三年，听有声书不仅成为她的情感寄托，也让她收获许多知识。有声书是一种个人或多人依据文稿、以不同声音特色和录音格式所录制的作品，现在有许多文学作品都被录制为有声书作品，受到大众的喜爱。"我喜欢听名著、剧评、耽美小说，就和看书一样，不同的文学作品被读出来会有完全不同的体验。但是比起阅读，听有声书更能让我集中注意力，且有更丰富的情感体验。"

从我们采访的这几位年轻人的视角去窥见兴趣消费，会发现一切复杂规则与圈层暗号背后，都离不开"我喜欢"三个字。同时作为第一代互联网原住民，他们在以兴趣为代表的精神消费中，也拥有更多新可能。

3 新型社交逻辑，用兴趣为关系画个圈

"Z世代"是最爱"画圈圈"的一代。对于这群年轻人来说，社交文化是一个又一个叠加的圈层。在这样的社交逻辑下，关系的沉淀从进入彼此的兴

趣圈层开始。在年轻一代的社交圈里，三观也许不必一致，但至少有那么一两个兴趣相投。[1]

1 咸鱼鱼、吴怼怼：《Z世代社交：拿兴趣画个圈，向线下突个围》。

汉服爱好者会互称"同袍"，这一说法出自《诗经》。在汉服圈中，大家以流传千年的古风称谓相称，那份同舟共济、彼此相伴的情谊，在共同的兴趣与志向的联结下迸发出璀璨的青春之色。在密室里"雲子"与许多陌生人一起解决难题，她一改平日里的胆怯与犹豫，变得自信而果断。在密室圈里她如鱼得水，不仅收获了挚友，还小有名气。

"扩列求加""扩列+nss""加我，一起养火花"……透过"00后"的社交新词汇，我们看到的是兴趣圈层如何在"Z世代"群体中发挥社交价值——拿兴趣"画个圈"，把真实交给同好，归根结底是寻找一种认同感。[2] 兴趣圈层对每一个圈内人来说，已经具有超越兴趣本身的丰富内涵，成为每个人追寻精神生活的必需品。

2 池栾：《兴趣消费兴起，消费原力爆棚，家电业注意到没？》。

4 兴趣成为动力，在圈层中树立正确消费观

因每个兴趣聚集而成的或大或小、或松散或紧密的圈子，都有圈内人才了解的规则，玩家们既是规则的建立者，也受到规则制约。

走进圈内人的世界便能感受到，他们加入兴趣圈层且愿意为兴趣买单的行为逻辑与情感动因，都有着浓郁的"Z世代"风格：满足自我、追求个性、享受自由，在追求群体归属感的同时，又难抑自我表达的愿望；追求历史、情怀，又向往新潮时尚与未来科技……这些矛盾共同交织成"Z世代"的特点，也成就了他们的独特魅力。

以一个圈内人的视角去体验兴趣圈层的内部故事与情感连接，不难发现因为圈层壁垒和信息不对称造成的认知失衡与误解。理解兴趣消费的合理

JK 制服
JK UniFoRm

JK制服 © 图源于视觉中国

JK制服 © 图源于UNSPLASH

性，并对其抱持基本的尊重与理解，这本就是不同的思想与价值观激烈碰撞的当下需要解决的时代命题。

圈层经济时代，是真正人以群分、物以类聚的小众经济时代，个性化是基本特征。基于高度认同感，越是个性、垂直的内容，用户付费意愿越高。[3] 在访谈中，三位受访者在兴趣消费上大多表现出理性的消费观念，开销的高昂是真的，但不是所有人都陷入了挥霍无度的泥潭。相反，他们会为了追求热爱而努力挣钱，也能

3 泰一数据《圈层经济时代下的消费者》。

汉服 © 图源于UNSPLASH

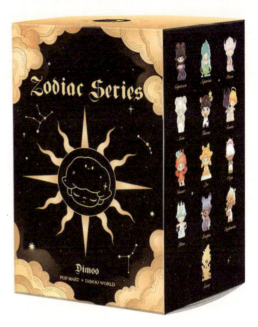

盲盒 © 图源于泡泡玛特官网

够随着对兴趣的知识积累，锤炼出一身"犀利"的谋生技艺，将热爱变成可持续且能够带来可观收入的职业。

当然，兴趣圈层自身话语体系的专属性，在划定圈层边界、体现独特性的同时，也加深了圈层封闭性，加上算法推荐的助推，各类兴趣平台、APP通过精准推送，又进一步强化这一趋势，这个过程容易造成"信息茧房"效应，即圈层内部与社会文化整体相隔膜，以至于出现社会整体对他们的理解偏差。4

4 央广网《网络文化关键词："圈层"既要特色，也要共识》。

兴趣消费的种种现象，既有着复杂的时代原因，也带有强烈的个人色彩。本篇采访无法面面俱到地展开，仅希望通过这次访谈表达一个核心观点：尊重与包容，是圈内圈外保持平等沟通、相互理解的正确之道，面对不理解不妄加评判，面对争议话题保持独立清醒。兴趣消费的活力终究是这个时代不可忽视的一群人的狂欢，也是这个时代消费精神的独特缩影。

对话资深玩家：
小兴趣的背后故事

chat with senior player:
tHe StOry
behiNd thE miNoriTy hoBby

关于本期主题"小兴趣商业"，"LAUNCH首发"发起了三场对话，分别
与三位不同兴趣领域的资深玩家聊了聊，话题包含兴趣如何从个人爱好
发展到个人职业，以及围绕兴趣的消费观念和生活方式变化，同时也听
听他们对于"小兴趣商业"的看法。

他们是：

潮玩创业者、相声演员 尤宪超

全职手账博主 不是闷

户外运动达人 常艺（ID：常YI生）

尤宪超
You Xianchao

尤宪超
You Xiancnao

潮玩创业者、相声演员

· 相声演员，与高晓攀合作创立嘻哈包袱铺
· 资深潮玩行家
· 创立潮玩汇，希望让玩具成为更多人的生活方式

玩具的生命力是持久的

Q：你对玩具的兴趣是怎么开始的？

A：这里有一个小故事。

五六年前我在崇文门搜秀大厦，看到一个全套的"宠物小精灵"玩具。其实我家也有一大套，是打小从地摊上一个一个攒起来的，难得的是父母一直给我留着。当时看到里面有几款我没有，就问老板"能单卖吗"，他说只能全套卖，全套卖要2万多。我就特别诧异，没想到玩具市场价格"疯涨"成这样。后来我就开始主动关注，也重新找回对玩具的兴趣。

神奇宝贝球 © 图源于UNSPLASH

刚开始买玩具都是买我认识的，变形金刚之类，而且不敢买太贵的。当我买的玩具开始有一定规模，就玩得越来越投入。偶尔发朋友圈分享，会有很多朋友主动来找我聊，我就发现身边居然有很多玩玩具的人，也慢慢开始形成自己的圈子。随着时间和经验的积累，会感觉自己越玩越"精"，越来越知道自己想要什么。

高达 © 图源于UNSPLASH

Q：喜欢玩具带来的生活方式变化有哪些？

A：玩玩具好在哪儿，我自己有几个感受。我本身没什么不良爱好，但也一直攒不下钱，现在依然攒不下钱，但攒下来一堆"家当"。你估不出来它们到底值多少钱，但这些玩具的确实实在在地在你身边陪着你。

我本身就是一个兴趣驱动的人，最初说相声也不是要把相声作为职业，纯粹是出于喜欢。现在也是，玩具基本成了我生活的主角，成立潮玩公司也是兴趣自然而然发展成的。

Q：是否有玩具圈里的独立平台或者APP？

A：主要还是私圈，目前还没有一个把各方玩家聚集起来的所谓平台。

就我个人的"圈子"形成来说，是先从玩玩具的朋友开始，然后发展到认识玩具商家，之后能找到出品方，就是开发玩具或者授权IP的品牌、工作室、艺术家，现在又发展到了工厂，算是打入了玩具产业链的最上游。因为对玩具的兴趣，自己身边长出一个特别大的社交圈子。

Q：围绕玩具的消费观是怎样的？

A：在我看来，玩具是每个人对他们脑海中的世界的具象化展现。理解玩具是没有门槛的，你看到一个玩具觉得喜欢，但是说不上哪儿喜欢，那就是它跟你情感世界的共鸣。所以，我坚信玩具的生命力一定是持久的。

我自己玩玩具比较个人向，喜欢"老物"，也更关注艺术品和电影周边，更看重它们背后的故事和意义，这些是玩具的生命力所在吧。

Q：玩具领域有哪些值得关注的新品牌？

A：这个很难说，大众熟悉的泡泡玛特这类头部品牌可能占到市场的很小一部分，而且更偏大众品牌。其他绝大部分，是玩家圈子里的很多小品牌。

但对于玩具品牌来说，数量和价值永远是对立

瓦力，形象来自《机器人总动员》 © 图源于UNSPLASH

的。在我看来玩具不应该是批量化生产的，不是一堆泛泛的产品，而是需要独特品味和内容价值。所以我说，卖玩具最成功的是麦当劳、肯德基，它们把玩具卖成了刚需。

Q：怎么看待本期主题"小兴趣商业"？

A：我们肯定能看到兴趣里的商业价值，玩具圈里也已经有很多进入大众视野的潮玩品牌。但我比较想强调的是，对于凭个人兴趣创业这件事需要特别谨慎。个人将兴趣商业化，需要"天时地利人和"，各种条件缺一不可。你的个人兴趣适不适合在这个时代发展，以及某些兴趣是否过于小众、根本不具备商业化的前提，这些问题都需要想得很清楚。

聊到的其他话题　　　　　　　　othEr topiCs

1.玩具与佛像

前阵子去马未都老师那里，特别去看了看他收藏的佛像，我突然觉得古代的佛像就是那个年代的"大IP"。大家家里都会摆着，并不是一个实用性的东西，而是观赏性、精神性的，与人们有着天然的情感联系。佛像因为材质特殊，能长时间保存下来，如果大家现在喜欢的大IP玩具，用类似的材料长时间保存下来，也会拥有不同的时代意义。

2.玩具的商业化思考

玩具很难成为刚需，在商业模式上也不能去追求规模化。从内容上讲，一定是把玩具里的文化表达出来、产品化，使其进入大众传播的范围。在商业化方面，我认为从玩具延展到家居用品是一个方向，更偏向以定制化的方式为爱好者提供解决方案。比如之前有个玩家特别喜欢皮卡丘，就通过我们采购了大量不同类型的皮卡丘玩具，摆放在自己家。这可能是一个行业趋势。

日本街头随处可见的扭蛋机，消费者大多数是成年人。© 图源于UNSPLASH

不是问
Bushi Men

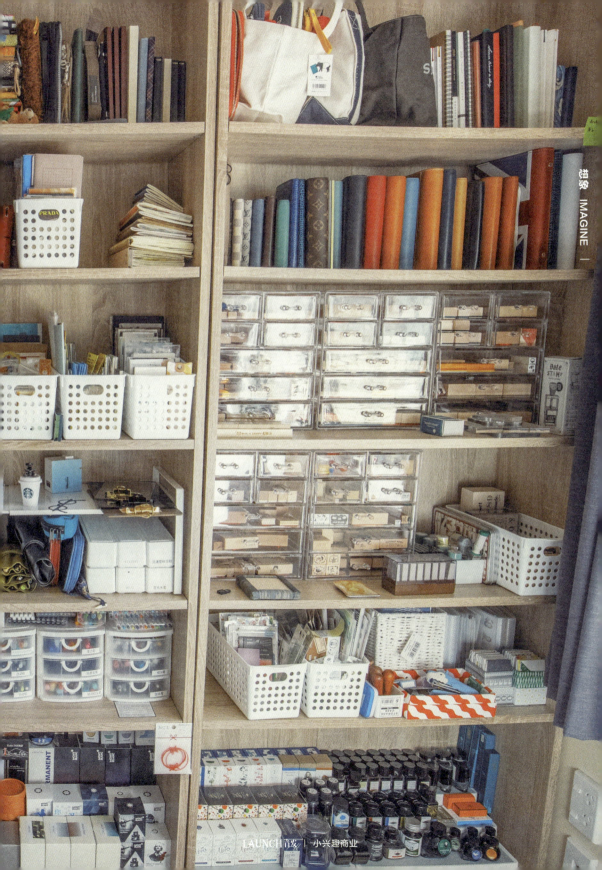

不是闷
Bushi Men

全职手账博主
· 生活在南半球的文具爱好者
· 喜欢用纸笔记录各种有的没的
  视频创作者
· B站知名UP主

全职手账博主
的全新课题

Q：你对手账的兴趣是怎么开始的？

A：大概是2015年的时候，我生活在新西兰，正好处于上一份工作刚刚辞掉，又没找到下一份工作的中间状态，空闲的时间比较多，人也比较迷茫。有一天在商场里逛，看到一个澳大利亚的文具品牌kikki.K，当年还挺有名，但疫情的时候差点垮了。它在当地商场都有门店，我之前也见到过，但就觉得特别贵，没买过。那一次也不知道为什么，就买了一个活页本子，买完特别开心。但那个时候不算"入坑"，只是一次很随机的尝试。

本子买回去之后我不知道

kikki.K文具品牌 © 图源于官网

该怎么用，然后发现它有一个品牌官方的YouTube频道，分享如何使用本子的视频。我看了之后就震惊了，一个简单的日程安排、每天的待办事项，可以做得那么好看。然后我就疯玩了三天，去模仿视频里的套路，最后也做得跟它有点像，但还是觉得不那么满意。

我想其中多少有一点欧美人和东亚人在审美上的差异，所以我就想看看国内会不会有人也用这种本子。于是我换了一些关键词来搜，最后搜到"手账"，在那之前我甚至都没听过这个词。我发现豆瓣有个手账小组，我一点进去就感觉打开了一个新世界的大门，大家的手账做得都像艺术品一样。从那一天开始，我每天都疯狂地泡在豆瓣小组里，这时候算是正式"入坑"。

开始我就自己一个人捣鼓了好几个月，也没有再去找工作。我特别喜欢看YouTube，2014、2015

年，国内B站这些平台都还没有起规模，原创视频博主也很少，但欧美已经有很多很成熟的时尚博主、美妆博主，然后我就跟家里人说，我要做全职手账博主。说完以后，我开始特别理直气壮地玩手账。从注册账号开始，到慢慢尝试拍一些视频，然后一直到现在。

手账圈也会有很多细分的小圈子。手账这个兴趣群体跟文具的兴趣群体有很大的重叠性，文具就分得太细了，有的人喜欢钢笔，有的人喜欢某个牌子的本子，还有的人喜欢胶带、印章，圈子可以分得很细。

Q：喜欢手账带来的生活方式变化有哪些？

A：确实发生了很大变化。从一开始我就"扬言"要做全职博主，但当时连兼职博主都很少。直到现在，在我认识的圈子里全职博主也只有我一个。也是因为做手账博主，我接触到很多完全没有预想到的事情，比如被邀请去文具公司总部参访，以及跟品牌一起出联名文具产品。

就我自己的生活来说，总体还是蛮轻松的，我也挺满意。所以有什么合作机会找到我，如果我有兴趣，也觉得能做好，就会去做一把试试看。

Q：手账圈是否有独立平台或者APP？

A：形成规模的可以说没有，基本上还是"寄生"在常见的社交平台上，有一个小组、分类、板块之类。

之前也有过独立的手账APP出现，但我个人觉得手账这个圈子本来就小，独立的APP更是把这个圈子捆死了。作为博主，我希望更多人能了解手账，而不总是一小圈人在交流。现在来看，手账的独立APP的热度也已经过去，大家现在也基本还是在微博、小红书、B站这些平台上分享交流。

Q：关于手账圈的发展现状，你怎么看？

A：从我"入坑"到现在这五六年来看，对手账非常狂热的这个群体数量没有太大变化，可能只是换了几拨人，但我感觉关注手账的群体数量翻了几倍，他们对于手账更多是持观望的态度，或者有一点点尝试。

Q：手账领域值得推荐的新品牌有哪些？

A：这些年新品牌发展很快，也明显能看到新品牌的产品做得越来越讲究，但总的来说在细节体验和很多看不到的地方，新品牌还是很难与老品牌平起平坐。看不到的地方，只有在实际使用中才有感觉，比如本子在写字时洇不洇、透不透之类。

我自己比较常用的品牌，一个是HOBONICHI，一个是国誉。国誉是日本的国民文具品牌，在国内和欧美都挺出圈。国誉会跟各种设计师联名合作，每次都很有话题度。他们有一个"国誉自我手账"系列，在全球市场都很火。

HOBONICHI文具品牌 © 图源于官网

Q：怎么看待本期主题"小兴趣商业"？

A：最初很多人听到我是手账博主都很惊讶，觉得这个东西也能有博主，怎么可能做得起来。

国誉文具品牌 © 图源于官网

但既然是"小兴趣"，其实就是大众不了解有这样一群人存在，但好在中国的人口基数大，任何一个小众群体的人群数量依然很可观，所以我觉得小兴趣是值得深耕的。

我自己在中间几年的时候也有些犹豫不决，总想尝试些其他领域。但我观察下来，发现还是应该深入做自己的垂类，把自己的兴趣理念做得更丰富、更丰满，让这群爱好者不断看到新内容。能够投入自己所在的这样一个小圈子，我觉得也是蛮幸福的。

所以，小兴趣商业最核心的还是身份认同感，懂的人自然懂。他知道自己被什么吸引，尽管其他人可能完全看不明白。

聊到的其他话题　　othEr topiCs

1.第一次自己发起联名手账本

我跟品牌联名做文具产品已经好几年，但是直到最近我才出了一本手账本。不同于以往相对被动的合作，这本手账本是我主动跟合作方提出的想法。

这次三方合作，设计是我自己，国誉负责制作，联新负责销售。设计部分合作方没有给我提过任何意见，而是把决定权完全交给我，这也是源自彼此的信任吧。这次的销售情况好得有些出乎我的意料，没想到这么受欢迎，所以未来虽然还没想到品牌化那么长远，但可能会一步一步把产品线做丰富，比如出书衣、小文具之类，希望能将更多还在对手账保持观望甚至完全不了解手账的人吸引过来。

2.将博主作为职业

作为全职博主，我是没有团队的，所有事情都是我自己一个人做。所以如果我取得了什么成绩，我感觉到的是狂喜，这个荣耀是百分之百属于我的。同理，任何一句批评，任何一句"我对你很失望"，任何一点冒犯，也是百分之百加于我一个人身上的。

没有团队，就没有人去分享你做自媒体、做博主的心情，周围的朋友也很难共情。我觉得这是从事这个职业必须要面对的课题。

3.电子手账vs手写手账

这两年电子手账对手写手账还是有一点分流。关于这个问题，我自己还做过一个尝试，停掉全部的手写手账，使用电子手账一个月。

这个问题可能需要分开来看。手账回归本源，它的功能确实是去记录生活内容、记录时间安排，但事实上现在喜欢捣鼓手账的人，大部分就是喜欢用笔在纸上写字的这样一个过程，甚至还有一群人都不写字，每天在本子上贴一些胶带，觉得非常解压，这也是表达自己的一种创作。对于这些人来说，不存在电子手账和手写手账这个选择题。

电子手账的分流发生在看重结果、注重功能性的那群人里。手账对于这群人来说，就是把自己要做的事记录下来，既然手写和电子都能达到目的，那就必然要进行一番选择，看哪一种对自己来说效果更好、效率更高。

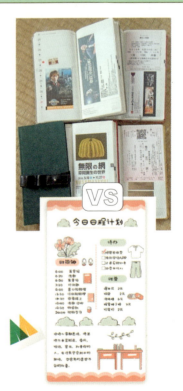

(上)kikki.K手账使用效果 © 图源于官网
(下)mori手账APP页面效果 © 图源于微博官方账号

HOBONICHI文具品牌宣传图 © 图源于官网

常艺
Chang Yi

美国火人节burningman，一年只存在7天的城市，常艺有幸在这里完成了
一次跳伞，人们称作burning the sky。© 图由受访者提供

常艺
Chang Yi

户外运动达人（ID：常YI生）
· 新加坡南洋理工大学硕士，外企辞职玩极限。
· 担任lululemon品牌大使、Insta360运动大使。
· C执照跳伞员、自由潜三星，其他技能还有滑翔伞、水肺潜水、攀岩、冲浪、滑雪、国际野生救援。

人生的道理都是山和海教给我的

Q：你对户外运动的兴趣是怎么开始的？

A：我是山东泰安人，住在泰山脚下，我爸妈都非常爱运动，我们家的周末活动常常是爬泰山，这可能就是我的户外运动启蒙，也让我一直对山、对自然感觉非常亲切。在后来的某一天，我突然发现爬山不只是一个运动项目，这个过程会让我感觉非常释放自我、更加自由。

我18岁出国读书，那时娱乐活动比较单调，也没有什么社交圈。我还是延续

常艺攀岩、潜水时的照片。©图由受访者提供

了爬山的爱好，后来从爬山慢慢接触攀岩，又从攀岩接触水上运动，比如潜水和冲浪，之后还有跳伞。本质上，越自然、越纯粹的运动越能吸引我。

Q：户外运动带来的生活方式变化有哪些？

A：我喜欢山和海，因为我觉得它们纯粹。很多人生的道理，都是山和海教给我的。这句话不知道是谁说的，但真的非常有道理。除了父母、学校的教育，我的很多思考都来自自然，在自然环境、户外运动中，总结出一些对我有帮助的东西。

我经常说自己是"沙滩男孩"，不是特别喜欢城市里过快的生活节奏。目前我一半的时间会生活在杭州，杭州在生活节奏和户外运动资源方面整体上是强过北京、上海的。在城市里，我主要做的运动是

攀岩和网球。杭州周边及邻近城市的很多山适合野外攀岩，城市里的室内攀岩场所也比较丰富。日常的网球训练则是为了维持比较好的心肺状态。我夏季常去海南，主要是去潜水和冲浪。进入十一月、十二月，我大部分时间会去滑雪，常去河北和东北。我一年四季的生活，很大程度上是围绕运动项目来安排的。

常艺进行网球运动。© 图由受访者提供

the Crag官方网站 © 图源于官网

Q：你会在哪些平台分享交流？

A：我现在分享最多的是小红书。小红书最初是以女性博主为主，我是小红书官方邀请的第一批男性博主之一。当时会觉得有些无趣，但是现在问起身边的男性朋友，几乎都会使用小红书。

首先对于运动分享，小红书上既可以分享图文也可以分享视频，这对分享者来说很友好。另外，小红书的"种草"功能也非常厉害，能找到很专业的信息。比如有一次我想去一个瀑布，但找不到具体定位，在小红书上找到一个博主正好发了瀑布照片，下面就有定位。有时候找一些很小众的地方，我也会去私信博主，问对方发的定位是不是准确，这一点很多平台是做不到的。再就是小红书上会有比较多的爱好者之间的经验交流，也会基于地理位置做推送，让在附近的爱好者更好地联系到彼此。我们现在就有一个30多人的杭州网球群，好几个人都是通过小红书结识的。

Q：是否有户外运动圈里的独立平台或者APP？

A：会有，但它们相对比较封闭，我们只会在特定时候用到。比如攀岩网站 the Crag，里面有非常专业的攀岩资讯，但一般只有攀岩的死忠粉、骨灰级爱好者才会下载。冲浪的APP MSW，有一点社交

属性，但类似BBS，大家主要是用它来看一个冲浪地点的天气、浪高这些信息。再比如滑雪APP滑呗和GOSKI，更侧重于在滑雪时使用，在场地里看自己当天滑雪的落差高度、公里数、时速等，也会建立一些"季节性友谊"小社群，大家一年中只会在滑雪时见到，然后在里面分享一些自己的滑雪照片。

总体来说，这些APP都是在非常特定的场景下才会使用，更多时候还是会使用微博、抖音以及刚才说到的小红书这些平台。因为我更希望有一个互相交流和学习的状态，以及专业人士和非专业人士的交互，而不是在一个没人懂的地方当"大神"，这不是一个守恒的心理状态。

Q：围绕户外运动的消费观有哪些？

A：首先我想说，运动对我来说不是享乐，而是我的"职业"。我常说"大海是我的office，冲浪是我的PPT"。所以从我的消费观来说，我更愿意把大部分钱用来生成经验，因为经验才会带来更长久的价值和更宝贵的财富。

很多运动项目都要通过不断的训练才能保持原有状态，所以每一年我在运动上的消费是很高的，目前的状态属于"隐性贫困人口"。消费的主要构成包括装备、差旅，以及装备更新。装备更新既包括功能性上的升级，也包括从功能性到时尚性的升级。但从我的消费构成来说，装备上的开销比较理性，我的脚蹼已经用了十几年没换，很多人以为我是自由潜新人，但一看我的脚蹼就知道我是"老炮"里

的"老炮"。差旅也是如此，我会去很多国家、城市，在不同的地方攀岩、潜水、滑雪，但不会刻意关注吃住行的品质，而更在意去不同地方的经历本身，以及由经历转化成的经验。

Q：户外运动领域有哪些值得关注的新品牌？

A：在户外领域，大量的专业品牌确实来自国外的老牌公司，因为提供专业装备的品牌必须经历时间的沉淀并积累玩家的认可。但随着国内专业运动人群数量的增多，以及中国制造、技术发展的优势，市场上也开始出现非常厉害的国内品牌。

大疆无人机 © 图源于官网

比如大疆和Insta 360。我在美国跳伞的时候看到很多人在用Insta 360，它在美国卖得很火，但他们可能都不知道这是中国品牌。这些新品牌，也会比较主动地从专业领域向泛专业领域延展，不断破圈。比如Insta360本身是一款专业运动相机，但慢慢地很多摩托车爱好者、自行车爱好者也会使

使用Insta360进行跳伞时的拍摄。
© 图由受访者提供

用，挂在车头作为行车记录仪，甚至用来拍一些有趣的短视频。

Q：怎么看待本期主题"小兴趣商业"？

A：我觉得这个主题很符合当下的趋势。首先"小兴趣"催生了很多新职业，去把小众兴趣引向大众范围。我最近就在申请浙江大学的外聘讲师，讲小众运动，以往这些领域在高校是比较少涉及的。

另外"小兴趣"也催生了很多新品牌，比如阿迪达斯推出了一个户外支线品牌adidas TERREX，就是

在试图打开户外新领域。类似这种老品牌推出支线品牌，甚至针对小众领域推出的新品牌，在我看来都是在把握"小兴趣商业"的信号。

addidas TERREX © 图由受访者提供

聊到的其他话题　　　othEr topiCs

1.为什么喜欢户外运动

我不太喜欢对抗性的运动，从自身性格上对常态性的竞争也会有很重的心理负担。大部分的时间里我更愿意和自己竞争。

2.兴趣和工作的关系

我的兴趣太多，但时间是有限的，为了无限接近自己的理想状态，就必须放弃一些东西，比如稳定的工作。我现在通过自己在专业领域的知识和技能实现更多商业价值，也以此来支撑自己的爱好，使其可以继续，努力达成兴趣与生活的平衡。

3.对于国货在专业领域的期待

个人抱有很大期待。国外品牌的优势很大程度上缘于发展更早，因为很多户外运动项目就是起源自国外。国货品牌的复兴已经发生在很多日常消费领域，随着国人的文化自信提升，以及产品本身的技术优势，等到在专业领域慢慢积累认可度后，国货品牌会越来越强。事实上，大疆、Insta360已经超越国外品牌。

奢侈品牌GUCCI与户外品牌THE NORTH FACE联名合作 © 图源于GUCCI官网

"被收编"的小兴趣

incorpOrated MinOrity hObBy

徐若溪
Xu Ruoxi

内容创作与编辑出版领域自由职业者，长期供稿于多家商业、管理、营销类媒体。多年为各种小兴趣买单，大龄"lo娘"，伪·电竞选手，真·相声爱好者。

欢迎来到一个人人都可以找到同类的时代。即使一人千面，我们的每一面也都拥有了被精准定义的可能，留下了"等待连接"的依据。你以为你在孤单地向未经发掘的理想地拔足狂奔，但只要接通网络，便会发现那里已经成了一群人的"快乐星球"。以小兴趣为核心集结而成的生态系统，集散兴衰皆有生命周期可循。一切试图追问意义的人，最终都将从某一独立个体中得到真相。也许，这个独立个体正是你自己。而真相则事关一个纯粹热爱的开始和面对资本"入侵"的纠结与未知。

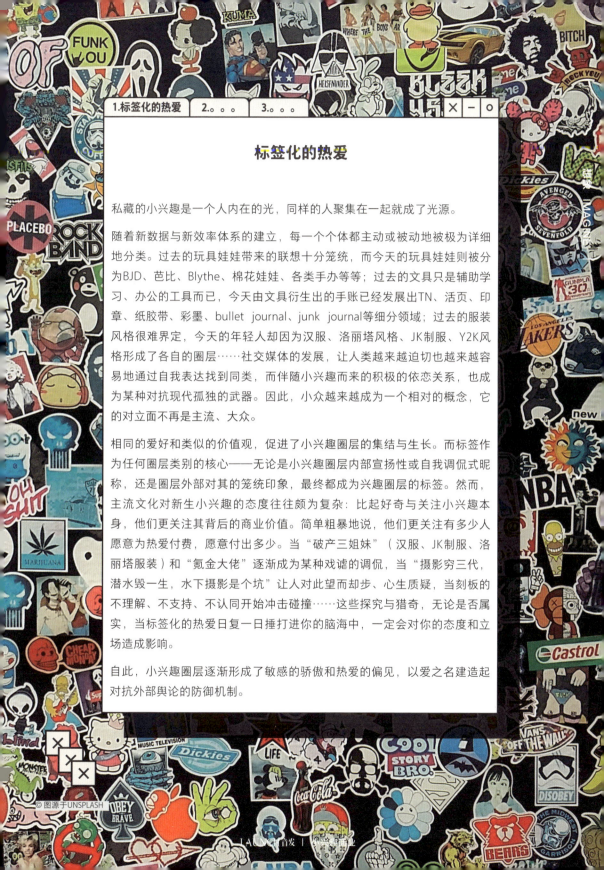

标签化的热爱

私藏的小兴趣是一个人内在的光，同样的人聚集在一起就成了光源。

随着新数据与新效率体系的建立，每一个个体都主动或被动地被极为详细地分类。过去的玩具娃娃带来的联想十分笼统，而今天的玩具娃娃则被分为BJD、芭比、Blythe、棉花娃娃、各类手办等等；过去的文具只是辅助学习、办公的工具而已，今天由文具衍生出的手账已经发展出TN、活页、印章、纸胶带、彩墨、bullet journal、junk journal等细分领域；过去的服装风格很难界定，今天的年轻人却因为汉服、洛丽塔风格、JK制服、Y2K风格形成了各自的圈层……社交媒体的发展，让人类越来越迫切也越来越容易地通过自我表达找到同类，而伴随小兴趣而来的积极的依恋关系，也成为某种对抗现代孤独的武器。因此，小众越来越成为一个相对的概念，它的对立面不再是主流、大众。

相同的爱好和类似的价值观，促进了小兴趣圈层的集结与生长。而标签作为任何圈层类别的核心——无论是小兴趣圈层内部宣扬性或自我调侃式昵称，还是圈层外部对其的笼统印象，最终都成为兴趣圈层的标签。然而，主流文化对新生小兴趣的态度往往颇为复杂：比起好奇与关注小兴趣本身，他们更关注其背后的商业价值。简单粗暴地说，他们更关注有多少人愿意为热爱付费，愿意付出多少。当"破产三姐妹"（汉服、JK制服、洛丽塔服装）和"氪金大佬"逐渐成为某种戏谑的调侃，当"摄影穷三代，潜水毁一生，水下摄影是个坑"让人对此望而却步、心生质疑，当刻板的不理解、不支持、不认同开始冲击碰撞……这些探究与猎奇，无论是否属实，当标签化的热爱日复一日捶打进你的脑海中，一定会对你的态度和立场造成影响。

自此，小兴趣圈层逐渐形成了敏感的骄傲和热爱的偏见，以爱之名建造起对抗外部舆论的防御机制。

© 图源于UNSPLASH

"自闭"与破圈

在属于自己的文化圈层中，人的状态总是最放松、最舒适、最自豪的。即使小兴趣圈层始终声称自身是开放的、包容的，我们也必须承认，当它发展到一定时期，总会陷入"自闭性"的挣扎中。世界上没有一个群体完全不存在偏见，小兴趣圈层内部也不能幸免：新老力量的话语权争夺，保守派的抱团取暖与扩张派的锐意进取，新风格的衍生进化带来的进一步分裂和延伸……来自内部的争论从未停歇。另一方面，外部力量也对小兴趣圈层的壁垒紧锣密鼓地展开攻势。移动互联设备、社交平台为小兴趣的普及和迅速传播提供了便利，圈层在短时间内膨胀式生长，让"原住民"感受到了参差与危机；舆论的关注和揣测夸大了圈层之间差异化的程度，并将"标签化的热爱"转变为"标签化的误读"。

最强大的破圈力量来自商机发掘者的强势介入。小兴趣社群和垂直APP的建立，为圈层内的交易、价值流通和沟通提供了更为便利的基础设施；团队式的运营，让圈层内部的"约定俗成"变成了更清晰、更健全的规章制度；大量资金和资源的引入，一改往日"用爱发电"的局面……但并非人人都对此满意，尤其是"领地意识"强的人，甚至会感受到革新带来的冒犯。

破圈之后的小兴趣，在姿态和价格上都更平易近人，但背后往往暗藏危机。这一点在以原创为主的小兴趣圈层体现得尤为明显。版权缺乏有效的保护，让原创产品陷入无底线的盗版和价格战中；"融梗""山寨""抄袭""碰瓷"和所谓的"致敬经典"，让许多小兴趣圈层通过一种不甚体面的方式破圈。纯粹的热爱和精明的投机之间，很难找到平衡点。

何去何从，有人在观望，有人已经行动。

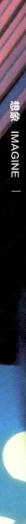

趣象 IMAGINE Ｉ

被主流"收编"

商业化是一切小兴趣圈层的目的地，离开或留下，答案都是一样。

今天，内容、兴趣、社交、消费的边界日渐消弭。作为数字化普惠群体的年轻一代，以小兴趣重塑社交成为一种日常。伴随着抖音等超级APP的下沉，任何小兴趣的普及和生长都变得更容易了，新用户用自身的投入度，选出了最值得被商业化、最值得被主流"收编"的小兴趣，而搜索数据的增长、活跃用户的增加和用户资产的累积，则是用户的选票。新兴的商业可能性吸引了大企业的关注，也带动了新品牌的迅速崛起。但由于小兴趣天然的垂直、聚焦和个性化的特性，始终很难形成规模。这些特性也意味着小兴趣商业需要重视对用户的运营，唯有以用户主义不断深挖用户价值，才能在小圈层中挖掘出更多的宝藏。

任何一种小兴趣都值得被商业化，而商业化的过程则是一个巨大的挑战。它的成功与否在于，能否形成健康有序、确保每一位参与者利益的商业生态；能否以优质的差异化内容、IP、分享机制，为极致细分的圈层赋能；能否回归用户本身，脱离噱头和炒作，为用户提供真正可留存的价值。

小众与大众，细分与综合，在今天都已不再是对立的概念。更精准、更专业、更垂直的小兴趣商业的出现，是数字化时代的必然，而其间的冲突纠结也是必然。但这种必然并非针对任何圈层，因为它存在于一切生长中的圈层生态中。我无法断言"被收编"的、商业化的小兴趣是不是成功破圈，但作为其中一员，我仍为拥有一项无关商业、只关乎热爱的小兴趣而庆幸。

真切地喜欢过，就足够了。

GoLd diggeR
miNOrity HobBy

随着越来越多原本属于特定圈层的"小兴趣"变得司空见惯，围绕这些"小兴趣"的社群社交、内容分发和商品交易，诞生了一系列新的商业机会。以"Z世代"为代表的"数字化原住民"活跃在各种社交平台，通过各圈层特有的话语体系识别同好，并最终聚集为垂直化社群。柔性供应链和小批量订单供应链的完善，让"小兴趣"得以成为"小兴趣商业"。我们试图发现小兴趣在社交平台、产业链上下游的潜在机遇，寻找巨头入局的蛛丝马迹，呈现小兴趣商业的进化过程。

发现同好：

"Z世代" 的小兴趣 "应许之地"

finding tHe group:
the woNderland of
Gen Z's MinOrity hObby

孔明明
Kong Mingming

财经记者、撰稿人，现工作、生活于北京。曾任《创业家》《财经天下周刊》《燃财经》记者，多年互联网创业及商业观察者，立足于商业与人文，进行更多探索和思考。

"人与人之间的壁垒被打破，你们只凭相同的爱好，就能结交千万个值得干杯的朋友。"2020年，B站的3分钟演讲《后浪》被网络热议。伴随着移动互联网的进化和"Z世代"的成长，垂直圈层和兴趣文化正在成为商业领域的下一个"掘金地"。经由各个平台，小兴趣商业逐步演化出了日益成熟的信息链路、管理方式和变现途径，在各平台完成自己的隐秘进化同时，也让每一个小兴趣都能找到属于自己的"应许之地"。

在移动互联网时代，信息前所未有地发达，却也前所未有地割裂，然而有一点始终如一：无论文字还是视频、商品还是广告，都试图通过兴趣标签来完成更精准的个性化交互，以"成瘾机制"抢占用户注意力。

商务部研究院在2020年底发布的《2020年中国消费市场发展报告》显示，当前我国"95后""00后"网络用户数量超过 3.69亿，在全体网民中占比超过3成，且目前仍保持高速增长态势。在新增网络用户中，"95后"占比近一半，宣告着"Z世代"的网络时代来临。成长于移动互联网时代的"Z世代"特征鲜明：他们大多为独生子女，对于社交和沟通的需求极为旺盛；他们天生就在"网上"，熟悉且适应互联网的环境，默认这是他们完整世界的一部分；他们更早地探索自我、追求自我意识表达。而被算法定义的兴趣标签，构成了他们的"人设"。

不知不觉中，我们已经被兴趣标签所定义。无数拥有相同兴趣标签的人，通过平台算法的推荐机制，以松散的方式被归于同一个虚拟分类下。或许因为点赞同一条视频，或者因为关注同一个KOL（关键意见领袖），这些兴趣标签所代表的人们聚集起来，在一道看不见的"墙"内分外活跃。"Z世代"热衷于此，并通过对自己兴趣爱好的探索及表达，吸引和结识同好。

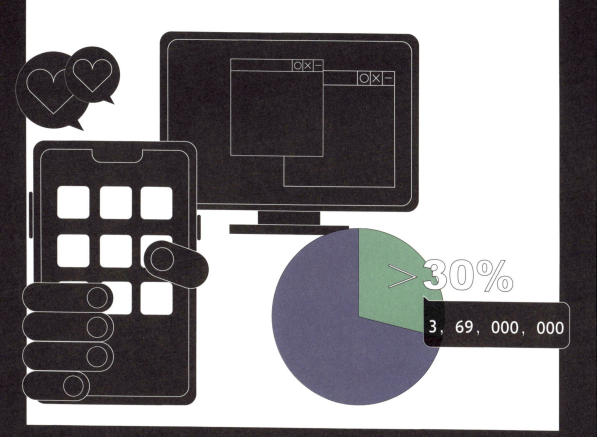

>30%

3，69，000，000

当信息链路逐渐成熟、兴趣社群得到壮大之后，大批离散用户在平台上所组成的垂直圈层和社群，开始向下一阶段进化。它们成了有着规范管理的组织，并由此构建了属于自己的话语体系及圈层文化。

已经面市22年却依然在应用排行榜上排名仅次于微信的QQ，可能是"Z世代"最喜爱的兴趣社交聚集地。作为众多亚文化发育的沃土，QQ群早已从最初的兴趣聚集群组，演化出了属于自己的管理体系。

加入了一个垂直兴趣QQ群的用户，会有意将小众圈层从大众里区隔开，并对圈子有极高的珍视度和保护意识。当新成员尝试加入某个圈子时，初期可能都会遭遇一番"盘问"，由此确认对方到底是不是他们中的"一分子"。在QQ群里，成员们会创造出各种各样外界看不懂的缩写语言，以此进行交流，还会通过"扩列"等方式，来扩充群成员数量。

微博超话扮演的也是类似的角色。超话即为拥有共同兴趣的人集合成的圈子，当用户通过搜索入口进入一个超话之后，需要接受严格的筛选，从而将不是真正热爱这一兴趣的人排除在外。之后，通过签到、发帖、互动的积分循环，形成圈子的高参与度、高活跃度和高黏度。

三、小兴趣生态：新商业策源地

活跃用户聚集地代表着优质流量。聚集于各个兴趣社群的"Z世代"，成为新的商业"掘金地"。

在消费观念上，"Z世代"可以为自己在乎的事情花费大量金钱，个人消费需求和愿望相较于上个世代更为突出，消费更多地集中在自己身上。这也推动着各平台从"Z世代"的兴趣出发，为之打造成熟的垂直应用生态。

上线于2013年的微店，虽背靠着微信庞大的用户群体，曾在各个方向多次尝试，结果却一直不尽如人意。但在今天，微店却焕发出了新的生机。

嗅到细分、小众赛道的商机，微店正在拥抱小众圈层文化。打开微店APP首页，可以立刻感受到微店商城目前的鲜明特点——商品分类完全不是我们熟悉的方式，而是诸如"Rua娃吧""史莱姆""汉服同袍""爱豆星球"等"奇奇怪怪"的标签，"社区+小兴趣+电商"的模式从未如此鲜明。2020年底，微店更是宣布接入QQ小程序，通过联结QQ生态内的海量年轻群体，帮助商家打造私域品牌，创造出更具想象空间的生意场景和机会。

月活跃用户（MAU）已经超过1亿的闲鱼，同样聚集了大量活跃用户群体。从闲置物品交易平台，到成为活跃用户寻找符合自己调性和兴趣的品牌的平台，闲鱼通过强调其互动文化属性和以兴趣为基础的交易模式，为用户提供了把兴趣变成现实的渠道。

在日新月异的商业世界中，跟随着消费者和市场的脚步，各平台在为小兴趣玩家提供更多服务的同时，逐步完成了自己的进化升级，实现和自身原本商业模式的有机结合。或许在不远的将来，"通用型"平台和"个性化"兴趣软件会进行更多打通，在让小兴趣商业愈发蓬勃生长的同时，激发出玩家社群的更多创造力，也给那些"兴趣垂直"品牌带来更多的商业机会。

反向溯源：
小兴趣商业的基础设施建设

ReverSe tracEabiliTy: inFrastrucTure for MinoRity hObBy buSiness

需求离散之所以成为常态，在于许多特定的边缘生活方式，在各种数字化互联网基础设施完备的条件下，有机会随时主流化。无论是小兴趣文化不断破圈，还是"小兴趣"作为新商业命题崭露头角，都暗含供需双方的基础设施建设逐渐完备的趋势。

1913年，福特发明了全球第一条工业流水线，极大地降低了汽车的生产成本，使其成为大众消费品。此后12年间，福特坚持只生产同一款黑色T型车，以极端标准化促进了汽车工业的发展。与以福特生产方式为代表的标准化、大批量的"刚性生产"相对，诞生了通过研究和模仿"第三意大利"和日本"丰田生产方式"而对福特主义企业组织进行创新的"后福特主义"。后福特主义的理论之一，就是强调快速反应、小批量、多品种、零库存、低成本和短周期的"柔性专业化"，也就是我们常常提到的柔性供应链。

柔性供应链让小批量订单模式得以实现。这种以分布式人工智能满足用户需求的模式，在服装制造业有着集中体现。

以汉服四大生产基地之一——山东曹县为例，曹县的服装制造业最早以寿衣为主，后根据市场需求的变化转型为演出服制造，并在此过程中积累了完备的服装产业基础及配套设施。柔性生产通过产业集群的灵活配合得以实现，曹县不仅囊括了各类原料、辅料、裁剪、工艺、配件、印刷厂家，甚至服装器械制造和机器配件专卖这样的二级产业链全部在此聚集。

不同于普通成衣生产，汉服在设计、面料、色彩方面都更加复杂，对裁剪、绣花等工艺的要求也更高。在杭州、成都、广州分别凭借布料、制衣、产业底蕴成为汉服生产基地的同时，曹县却以县级的体量坐拥超过600家原创汉服加工企业和2000余家汉服产业链商家，凭借100~300元不等的平价汉服占据了全国同类市场销售额的1/3。

小批量订单在"娃圈"的表现更加明显。作为国内饭制周边最火爆的类别之一，卡通化明星周边棉花娃娃直到2020年才真正进入主流视野，在此之前，这种长度为10~20厘米、由棉花缝制填充的娃娃以及配套的娃衣、娃用配件，绝大多数都是自制或"手作娘"小规模定制。时至今日，多数娃娃和娃用配件仍以先订单、后量产的类众筹形式生产，娃圈形容其为"开娃车"。以棉花娃娃为共同爱好的小兴趣人群，聚集在微博、QQ群、微店等平台，获取"娃车"信息，进一步分流到淘宝、微店进行交易。一个棉花娃娃的诞生，要经历从"娃妈"（团主）发起、出画稿、娃厂打样、开团预售、下定制作、完成发货等诸多步骤。如今娃厂一般50只就可以起订，但随着资源向头部不断集中，不仅"娃妈"倾向于与大厂合作，娃厂也通常优先接大单。在个性化与规模化之间，娃圈上下游产业链正在寻找微妙的平衡点。

以数字化工具为代表的新型生产力工具，让柔性供应链的精准定制具备规模化和商业化能力。个性化定制、柔性供应链、文化自信、成熟的制造业解决方案，是小兴趣能够成为商业模式的根本原因。

平台放大了分享的价值，关于美好之物、愉悦之物的移情与共情，在数字时代表现得尤为突出。B站直播带货之所以区别于短视频、电商平台，不仅仅因为兴趣社区的用户基础，更在于符合平台气质的泛二次元商品选品以及UP主个人标签、内容产出和商品推荐的一脉相承。

在直播带货之外，围绕新的兴趣分类，人、货、场的内生逻辑正面临重构。供需双方以兴趣为纽带，实现更精准、更紧密的连接，让"货找人""人找货"变成双向奔赴的点对点传输，小兴趣商业的供应链建设，还将承载更多内容。

进攻细分市场：
大品牌的"诺曼底登陆"
taRgetiNg mArket segments:
Normandy landiNg of big BraNds

孙园
Sun Yuan

撰稿人，商业分析师，关注零售、大消费以及生活方式，热衷探店与美食，在发现中寻找快乐。

1944年6月6日，盟军先头部队跨越英吉利海峡，登陆诺曼底，由此开辟了欧洲大陆第二战场，使第二次世界大战的战略态势发生了根本性变化。在今天的商业市场上，我们也能看到如同诺曼底登陆一样，通过在红海市场中以巧妙方式开辟"第二根据地"取得成功的案例。无论是一条瑜伽裤成就500亿美元市值的lululemon，还是凭借一双被戏称为"硅谷足力健"的羊毛运动鞋火遍全球的Allbirds，商业中的"诺曼底登陆"不只是针对层出不穷的新消费品牌，也同样适用于大品牌的自我革新。占领新市场，不仅是以强势资源占据较多的市场份额，重要的是以更加细分的品类布局，形成最大化的商业价值转化。

1.

一、开辟"第二战场"：巨头杀入新蓝海

在体量日益增长的宠物行业，许多巨头正在通过供应链可以复用的契机切入该市场：日化巨头联合利华、立白与纳爱斯布局宠物清洁护理，家电巨头美的、格力、小米上线宠物智能用品，食品巨头雀巢、玛氏、新希望、三只松鼠加码宠物食品等。

无独有偶，露营作为近年兴起的年轻生活方式，也吸引了来自不同领域的巨头企业跑步入场。露营相关公司一般以营地与设备两个方向为主流。

在营地方面，由于露营营地审批流程极为烦琐，同时面临着消防合规性以及工商注册等可进入性难题，许多露营品牌都选择与房企、酒店、大型旅游集

1/小米针对宠物市场推出的喝水机；2/美的推出的宠物专用产品之———宠物专用航空舱；3/格力针对宠物市场推出的专用空气净化器
©图源于官网

2.

3.

团合作。2021年9月，露营品牌大热荒野与世茂集团达成合作，开放位于福州大练岛的露营营地。大热荒野为营地提供内容、服务和流量，世茂集团负责水电、库房、接待中心等基础设施的建设。此外，碧桂园、融创、万科等房地产企业，希尔顿、香格里拉、华尔道夫等酒店，以及港中旅、首旅等旅游集团，也开始布局露营产业。

在设备方面，除迪卡侬、The North Face、牧高笛、Nike ACG、adidas TERREX等常见的户外品牌，奢侈品集团也加入其中。2021年以来，Prada陆续在北京高端百货SKP-S、上海荣宅开设户外主题的限时精品店。6月初，意大利品牌Fendi也在上海贸iapm商场中庭推出2021夏季胶囊系列限时店。另还有一个出人意料的统计数据：露营这一活动推动了大疆无人机10倍的销量增长。

Prada Outdoor限时店系列 © 图源于Prada官网

Prada outdoor限时店系列 © 图源于Prada官网

二、"中场战事"：小兴趣品牌再造新品类

人们惊讶于诺曼底登陆是一个军事奇迹，却忽略了其背后诸多因素构建的成功的必然性——登陆地点的选择之精确，以及构建于据点之上的纵深发展的"根据地"能力。品牌的使命不断进化，植根于具体而微小的专业兴趣。引领市场潮流从来不是刻意为之，只有抓住本质与具体，方能创造新生活方式和新品牌内涵。

当精酿啤酒从家庭作坊走向规模化生产，是否就失去了"灵魂"？当精酿啤酒成为市场上一个司空见惯的啤酒分类，IPA会不会就是新时代的"水啤"？精酿啤酒的流行，无非是源于人们追求酒精快感和饮品口感之间的平衡，精酿啤酒与传统工业啤酒的区别，无非是酿造工艺和配方的不同。当下，无论是百威全资控股的鹅岛、并购的拳击猫，还是被嘉士伯入股的京A，抑或其他独立厂牌……看似偶然生长出的新消费单元，其实是再造一个品类的典型而不可逆的必然。

当每一个微小需求都需要得到极致满足，价值就在饱和供给中生长出来，对小众和圈层的不断深入形成新的知识图谱。新物种的诞生，来自把用户的某个小需求满足到极致、把每一个时间单元满足到极致的思考中。商业生态位的抢夺，驱动大公司和新物种不断进化，形成对新生态与新场景的敏捷设计。商业发展的每一步，正是以全新规则重新解释那些习以为常的痛点。这也是近年来全球许多科技公司的产品法则：拥抱多样性的同时聚焦每一个颗粒度的需求。大品牌经由一个个"小市场"完成商业战役的胜利。

京A店内装潢以及京A作为品牌在商超售卖的产品 © 图源于官方微博

从品牌到消费、从供应链到媒介，小兴趣商业高效率实现的完整链路，无不有赖于数字化基础设施建设。关于小兴趣商业的未来时，我们给予了诸多想象：更加离散、更加垂直、更加自组织。当每个人以数字身份作为入口，在信息冗余的今天，共识可能会越来越不易被达成。而依托于日益完备的社交平台，经由小兴趣建立的连接，或许会成为人们对 "数字温度" 最深刻的感受之一。关于小兴趣商业，还有很多 "新鲜事" 和 "未完成"。

专题三：
数字时代的
小兴趣商业预想

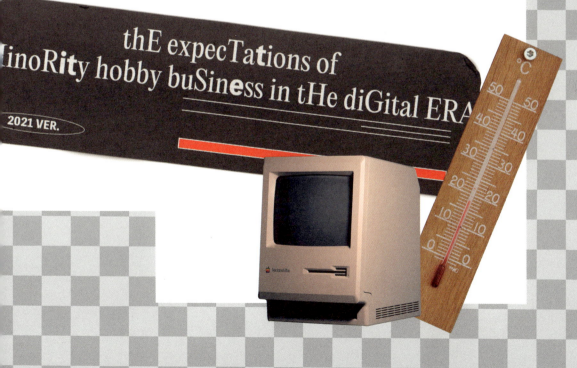

thE expecTations of
MinoRity hobby buSiness in tHe diGital ERA

2021 VER.

英雄所见略同：
与媒介共生

Great miNds tHink aLike:
tHe symbioSis with tHe mEdia

吴淼
Wu Miao

场景实验室内容团队成员，新媒体编辑。关注品牌营销、青年文化、社会心理、影视文娱，小兴趣观察爱好者。

媒介与文化共生的社会存在，是社会赖以构成和发展的必要条件。从以文字为载体的书籍、报纸，到通过声画真实还原的广播电视，再到今天以秒刷新的热点资讯，大众接收信息的途径即媒介，正变得越来越多元。与此同时，信息过载也让我们获取的内容变得越来越具有选择性，也进而使得今天所见的文化呈现出不断的离散分化之势。传播者与受众的边界正在逐渐模糊，文化不再由少数精英主导，取而代之的是人人都可以成为某一领域的"英雄"。数字时代提供了一个天涯咫尺的对话圆桌，也让我们看到更多的"英雄所见略同"。

一、

将"自我"置于社会之中

弗洛伊德提出了精神的三大部分：本我、自我与超我。"本我"代表着人最原始的、满足本能冲动的欲望；"超我"则是由完美原则支配的道德化自我；而"自我"作为人格结构的中间层，在本能欲望与社会道德之间遵循着现实原则。

人自出生开始，与社会的关联便如结网般扩张与延伸，从家庭中的父母亲人到学生时代的老师同学，再到步入社会后的更加复杂的关系网，人的社会化是个体与广大世界相关联的一种必然。通过社会化，我们将自己接收和学习到的价值观、信仰、文化规范内化，并发展成了一定意义上的"自我"。

社会学家C.赖特·米尔斯认为，只有将个人置于更广泛的社会背景下，我们才能够理解个体所处的状态。通俗来讲，我们需要将所处的社会作为参考系，以此来确认自己的状态是否符合社会层面的认知与观念。而在当今社会中，经常扮演连接人们私人生活与公共事件的桥梁的就是社交媒体。通过媒介，我们得以了解自身脚步无法丈量的另一片天地，得以在第一时间与无数网友共同挖掘出热点事件的脉络与画外音。

微博、抖音、小红书已成为数字时代的基础设施，也成为"自我"的延伸。有人通过晒图、打卡强化自己的兴趣标签，有人将网络作为独立于现实生活的"自由海域"，但不论怎样，今天的"自我"正在媒介的作用下与社会产生更多更独特的联结，也让一个个"自我"成为一个个"英雄"。

二、

数字生活的"眼神确认"

依托于数据与算法的动态灵活，今天的文化生活正呈现出更加细粒度的界定：潮流不再是潮流，而成为国潮、Y2K、赛博朋克；"社恐"不再是难以克服的问题，而成为豆瓣创造的"糊弄学""推辞学""日常注重边界感"小组。当越来越多的人将"自我"置于数字社会中，数字生活方式也展现出了强大的多元文化包容能力和辨识能力。

无论是"YYDS"的饭圈缩写，还是击掌碰拳的滑板礼仪，今天的兴趣不再是通过大张旗鼓的宣言博取关注，而是以某种"气味"或暗号吸引真正懂你的人投来眼神确认，因为更成熟的数字工具正在帮助每一个人更为精准地找到志同道合之人，帮助每一个小兴趣群体筑起自己的世外桃源——"圈地自萌"是今天小兴趣圈层的共识，这群小兴趣爱好者无意闯入旁人的世界，只希望在自己这片"净土"中播撒耕耘。

当然，即便如此，以小兴趣为代表的小众文化仍有不少呈现出扩张之势，这源于每个人心中渴望被认同、被关注的原始欲望。在柔性供应链能够个性化匹配每个人需求的今天，凭借小兴趣人设而火起来的内容创作者层出不穷。商业赋能又让这份小兴趣多了一份可获得感，这其实与"用钞票投票"的心态相似。

今天的用户希望通过个人所拥有的商品来表达自己的主张，而在小兴趣商业中，这样的氛围尤甚。决定你处在小兴趣哪一阶段的不是商品的价格，而是其背后的文化分量，这也对试图加入小兴趣商业的商家提出了更高的要求。要得到小兴趣用户的青眼，商家本身往往就要是这个圈子的行家，不做功课就想进来"分一杯羹"的商家，势必被圈内玩家群起而攻之。也正因如此，我们才看到独具风格的精品买手店、原创设计师店等在今天展现出了勃勃生机与活力。

小兴趣正以超出我们想象的形态肆意生长，而社交媒体就如肥料一般支撑着小兴趣的生命活力。"Z世代"一边"傲娇"地强调着千人千面的独特性，一边又盼望找到那份"英雄所见略同"的欣慰。在被观点包围的今天，大众达成的共识可能会越来越少，而依托于日益完备的社交平台，在小兴趣中建立的"眼神确认"或许会是未来人们感受"数字温度"的大势所趋。而对于小兴趣商业，是否会同小兴趣一样释放出无限的生命力，这背后的"气味相投"或许是每一个想要入局的商家都必须考量的问题。

小兴趣商业
Six trEnds ForecAst for

预测一："品牌即品类"的符号主义

"被品牌定义的品类"这一商业现象，在小兴趣商业深入发展的过程中将被更加突出地彰显。"人们对物的消费，实质上是消费物所承载的符号意义。"当人们对于物的消费需求因为数字效率获得极大满足，个体对价值寄托和意义归属的找寻，开始在"符号意义"上被放大。以文化认同、兴趣圈层形成KOC社群，以符号化影响力快速渗透品牌价值，是支撑品牌与用户信任关系养成的新方式。小兴趣商业的品牌机制天然理解"一人千面"，是真正从"分布式"需求中生长出来的，是一个个"极度个性化场景"的代名词。

Maison Margiela向来提倡"Anti-Fashion"主义，品牌充满嘲讽意味的单品白标就是设计师的无声抗议——留下4条缝线针脚方便顾客拆除后领位置的标签，希望大家欣赏设计而非追随品牌主义。© 图源于MM6官方账号

六大趋势预测
miNoRity hObby BuSiness

预测二：打造"小兴趣目的地"是实体商业探索新方向

当下，商场已经成为都市人的旅游景点，以商场为代表的实体商业，围绕IP、社群、探索机制的创新要素，不断生长出新的超级目的地形态。例如上海金桥Lalaport高达基地、成都REGULAR主理人品牌集合、十三邀小酒馆、笑果工厂……实体商业越来越不依赖于大众意义上的流量，而是更深入圈层，成为特定人群的精神地标。以此为思考方向，小兴趣商业为今天实体商业的社群机制探索，提供了值得深入的全新地图。面向多元而蓬勃的小兴趣圈层，如何承载消费需求、形成社群暗号、成为社群中心，成为实体商业重要的探索方向。

《十三邀》是腾讯视频平台推出的一档访谈节目，节目围绕许知远与十三位嘉宾的对话展开，收获了一批观众的喜爱。2021年9月十三邀小酒馆正式开业。© 图源于单向公众号

预测三：小兴趣综艺等文娱类产品爆发

从《中国有嘻哈》在2017年夏天被热议起，嘻哈文化逐步走入国人主流视野，越来越多兴趣爱好类、亚文化类主题综艺诞生。《密室大逃脱》《这就是街舞》《夏日冲浪店》……当观众对大量同质化严重的文娱节目越来越审美疲劳，一批围绕小众爱好、小众运动的综艺节目随之而来。随着当代年轻人群的小兴趣生活方式泛化，类似小兴趣综艺的文娱类产品将大行其道。而当媒体平台的多元化和音视频制作的技术成本和门槛降低，围绕小兴趣的小成本自制剧、自制综艺也将在各兴趣圈层中诞生。

下图分别为针对冲浪爱好者、密室逃脱爱好者推出的节目。随着节目的推出，小众爱好被推向大众的视野，推动了小众兴趣商业化的发展。© 图源于官方微博

预测四：DTC（直接面对用户）机制会成为小兴趣品牌主流模式

兴趣消费的本质，是消费认知、知识和专业，更是消费社群归属、身份认同和文化符号，尤其面对后者，品牌的机会更加依赖社群的内生力量，品牌的生命力来自社群的深度共建。例如lululemon建立瑜伽教练KOC矩阵，十三余成长于B站，国誉与手账博主的持续联名，更短链、精准的用户连接成为品牌建设的新共识。而面对小兴趣圈层更加边缘化、快速发展与离散，更极致的DTC机制会成为小兴趣品牌主流模式，竞争的重点在于场景细分、供应链企划与观念更新。

预测五：新的商业机会来自兴趣圈的不断细分衍化

尽管一些小兴趣已经逐渐成熟、走向主流，其中仍有大量的隐秘需求等待被满足。当兴趣玩家越来越不满于大量的同质化产品和"撞款"现象，开始追求更加个性化的产品和体验，兴趣圈的继续向下细分和衍化就成为必然。例如文具圈又向下细分为钢笔圈、胶带圈；周边圈又向下细分为徽章圈、立牌圈……由此衍生了大量的初生小兴趣。从量产到定制、从成品到自制，这些更加"小"和不为人知的兴趣圈层，需要更加特定和垂直的产品特性与文化认同，新的商业机会也隐藏其中，期待被发掘。

预测六：小兴趣商业推动"新职业"

"边缘行业"的主流化，不仅带来市场的巨大增量，更考验企业的组织能力、人才体系的匹配与迭代。除了收纳师、电竞陪玩、酒店试睡员这些已有一定社会认知度的"新职业"外，小兴趣商业背后是一片岗位图谱、知识方案、服务流程的"无人区"，"城市发现家"操作手册、潮玩企划师服务体系、二手商业品类图鉴……率先定义并不断夯实它们，在越来越多领域推动"专业主义"和更加灵活开放的用户构建机制，小兴趣商业真正让"热爱"与"职业"精准结合，极大激活个体创造力和商业新价值。

观念对谈

iNteractiON

观念的传达不应急促，认知的寸进更需耐心。作为"LAUNCH 首发"的固定栏目，相较于对行动的具体建议，《观念对谈》更专注于认知启发。

别有洞天，
小兴趣的桃源经济

tHe uniquEness of
minOriTy hObBy bUsinEss

本期《观念对谈》以"小兴趣商业的路径形态"为议题，围绕从兴趣到信仰的个性生长、从注意力到吸引力的平台生态以及数字时代小兴趣商业的特征趋势三个维度展开，期待以深入的观点碰撞，丰富"小兴趣商业"的内涵，赋予商业和生活更多启发。

吴伯凡
Wu Bofan

商业思想家，伯凡时间创始人，
"LAUNCH首发"观念主理人

吴 声
Wu Sheng

场景实验室创始人，
"LAUNCH首发" 联合出品人

李 翔
Li Xiang

财经作家，得到APP总编辑，
"LAUNCH首发" 联合出品人

对谈嘉宾
GUESTS

以 小 见 大：
从个性到信仰的主流跃迁

吴　声　　随着盲盒经济、汉服美学、街头文化的圈层化崛起，我们发现数字化深入日常的确带来了商业层面的变化——曾经边缘、离散的小兴趣在今天的话语权越来越强。2019年"新物种爆炸"演讲的时候，我们有一个篇章叫作"ZQSG（真情实感）"，这种暗号已经不仅仅是一种生活方式，而成为商业层面建立用户强连接的内容方法。场景实验室2019年发布了"小兴趣商业"的预测，今天的商业如果没有小兴趣，可能会失去非常强的用户忠诚度、黏性和伴随度。前段时间伯凡老师在一次活动中提出了"分子经济"，商业正从分母式的大流量模式转向分子式超级用户的精准流量模式，甚至以前的大品牌可口可乐在今天也越来越表现为一种小兴趣。所以我想问两位老师，大品牌在小兴趣时代的生存姿态是怎样的？

吴伯凡　　可口可乐很像一个品牌帝国。通常我们对"帝国"有两种理解，一是大一统的帝国，诸如中国的大秦帝国、大清帝国；二是西方由很多具有独立性的邦国组成的帝国，如神圣罗马帝国。除这些帝国之外还有一个国家我特别留意——阿拉伯联合酋长国。今天的商业很像一个联合性的国家，大家都是"小部落"里的"酋长"，"酋长"们联合起来组成了"联合酋长国"。比如B站，我是B站的用户，你也是，很多人都是，但实际上我们都属于不同的部落，这是今天商业发生的很重要的变化。刚才提到了"分子经济"，商家在过去采取的是在分母中淘金的方式，只有极少数人会成为你的最终客户，而分子经济是狙击分子，更加精准。

吴　声　　李翔老师，你觉得像刚才谈到的更加精准的"狙击式商业"，小兴趣商业会不会成为底层的商业运行逻辑？

李　翔　　一定会的。企业竞争战略中一种是成本领先，通过大规模生产、营销来实现。还有一种是差异化，因为很难再以同样规模、同样产品进行竞争，就要做细分，寻找小兴趣的不同点，一直以来都是这样。

吴伯凡　　但是今天这种趋势变得更明显。李翔刚才提到的是波特竞争的三

1927年刚刚进入中国时，"Coca-Cola"有个拗口的中文译名"蝌蝌啃蜡"。独特的口味和古怪的名字，产品销量可想而知。到了1930年代，负责拓展全球业务的可口可乐出口公司在英国登报，以350英镑的奖金征集中文译名。旅英学者蒋彝从《泰晤士报》得知消息后，以译名"可口可乐"应征，被评委一眼看中。"可口可乐"是广告界公认最好的品牌中文译名——它不仅保持了英文的音节，而且体现了品牌核心概念"美味与快乐"。更重要的是，它简单明了，朗朗上口，易于传播。中文的可口可乐是在全球所有译名中，唯一一个在音译的基础上具有实际含义的名称。在2008年中国首次举办奥运会期间，作为"向世界展示中国"项目的一部分，奥运会全球合作伙伴可口可乐公司将中文的"可口可乐"印到了全球100多个国家的可口可乐产品上。这个项目的名称就叫"美味与快乐（Delicious Happiness）"。© 文源于维基百科

可口可乐品牌家族©图源于官网

个路径——运营有效性、成本领先和差异化，这是基于传统工业经济总结而来的。而且波特说得很明确，这三个路径只能选择其一，做到更好就很难做到更便宜，做到更便宜就很难做到差异化，集中两个都是很难的。但埃森哲出的一本书《大爆炸式创新》提出了不同的观点，说今天可以把这三者结合起来，做到更好、更便宜、更有差异化。微信和手机短信就是一组例子，微信显然比短信更有效率，免费，还支持朋友圈分享生活，更有差异化。

《超越S曲线》作者拉里·唐斯与保罗·纽恩斯首次提出大爆炸式创新的概念。

 吴声

以前大家觉得优质优价或优质高价是理所当然的，但今天脱颖而出的商业模式往往是优质平价的典范。互联网的逻辑在各领域渗透，做到低价"不掉价"，生产者、消费者和平台三方都不亏。刚刚李翔老师也提到，小兴趣商业自古有之，一直以来并没有发生本质变化，但随着供给侧效率的提升，流通环节变得更加短链、高效和精准，使得小兴趣成为商业模型。所以今天谈论小兴趣商业，其实是在谈论商业运营整体发生的人、货、场系统性重置，比如潮鞋一定要有"得物"的平台。但在这里面，人获得重置的逻辑是什么？

米家定制是由小米生态链官方品牌"米家"携手行业优秀企业共同打造产品的合作模式。©图源于官网

 李翔

第一，工具里面存在着技术，无论是需求还是供给，工具本身的极大改变会改变整个系统，移动互联网是特别典型的例子，新工具的出现本身会改变整个商业模式。第二，说到买鞋，我有很深刻的体会。小米生态链199元、299元的板鞋性价比很高，但我要花1999元买一双耐克AJ，买鞋变成了品味收集的动作。我认为，消费可以分成两种：一种是效率型消费，只需要以高性价比满足功能需求；一种是品味型消费，激发我们的收集欲。

Air Jordan 7 Retro BCFC   ¥1,399
复刻男子运动鞋

耐克Air Jordan系列球鞋©图源于官网

 吴声

所以"小"里面其实是"大"，效率型消费买两双鞋就够穿了，但品味型消费可能连鞋的标签都没有撕，只是要把鞋集齐，这时客单价是很高的。还有一个问题想问两位老师，就是大家其实都会有一些兴趣，但今天我们聊小兴趣商业为什么要强调"小"？

吴伯凡

传统大众商业强调最大公约数，但今天如果仍然沿用在分母中淘金的方式选择买家，获客成本是很高的，而且数字化技术允许我们以更低的成本将市场中的精准细分用户聚集起来。虽然细分的所占比例一般很小，比如千分之一，但放在2亿人的市场中来看，被吸拢过来的价值也是很大的，只是细分的特点是"小"。

李　翔 大和小永远是相对的。耐克刚开始做的时候也是小兴趣，区别于古老的欧洲体育品牌阿迪达斯。但现在耐克变成了家喻户晓的品牌，lululemon也是同样的道理。

吴伯凡 一条瑜伽裤撑起500多亿美元市值的lululemon，已经把传统大品牌甩在后面。我把这种叫作"桃花源经济"——"初极狭，才通人，复行数十步，豁然开朗"，很多品牌刚开始时只是"仿佛若有光"的一个小洞，然后豁然开朗。

lululemon是一家加拿大体育休闲服品牌和公司。©图源于官网

吴　声 是不是可以这样理解：在今天的商业、生活乃至于社会文化里面，传统意义上主流的共识越来越难以达成，小兴趣的共识反而成为主流的生活姿态，甚至是商业姿态，从最小的痛点切入，最小的兴趣才有机会长成最大的市场。

吴伯凡 找到市场的"诺曼底"，并不只是小，而是在规定时间和地点占领和控制这个地方，使其成为自己的根据地。lululemon怎样让瑜伽裤成为自己的根据地？它首先在功效性上解决了四个维度的问题：第一，实现超薄裸感的舒适感；第二，在产品拉伸性、贴身性很好的情况下身体隐私容易暴露，所以功效上还要能够掩盖隐私暴露的尴尬；第三，面料薄的服装吸汗性更好，解决了女性做瑜伽时满头大汗的问题；第四，吸汗后不产生异味。lululemon通过对功能效用不同维度的细分，实现了从瑜伽品类效率型消费到精英瑜伽身份象征的主流跃迁，这种身份有一种隐秘的自豪感、排他感。

吴　声 所以小兴趣不仅仅是小的兴趣切口，而要表现为小兴趣的根据地。当小兴趣成为信仰的时候，其实就完成了更加主流的跃迁。

平 台 定 位：

"从眼球到眼神"的商业生态

 小兴趣商业已经在改变我们的生活，甚至重建了商业和社交的伦理。从用户角度看小兴趣的主流化本身，就未来商业版图的变化，李翔老师你能做个展望吗？

 未来的商业版图可以分为两种，一种是孵化小兴趣商业的生态平台，鼓励小兴趣部落、小兴趣品牌不断成长；另一种是小兴趣品牌和小兴趣平台本身去颠覆认知，创造市场。

 你怎么看这一波新消费浪潮？是泡沫还是商业的长远价值，是跟风还是品类都需要重做一遍的必然？

 泡沫化不就是繁荣的表现吗？一定是必然的。

 所以从内容电商到兴趣电商，更精准有效的个性化推送成为信息化推荐的主流，渠道一直在发生变化，小兴趣的基础设施化让各大平台扮演不同的角色，小红书"种草"、淘宝"拔草"，抖音整合了二者，拼多多能够在阿里和京东认为不可能的情况下冲了出来。在小兴趣商业的变化中，哪些是值得我们重视的？

 在我看来是"眼球经济"和"眼神经济"。淘宝是流量贸易，按照"眼球经济"的逻辑尽可能地推送给更多的人，没有考虑到消费者是分母还是分子。而拼多多是税收型模式的"眼神经济"，只从交易成功的订单中收钱，从"眼神"中获得了底层的、用户未表达出来的诉求，这种"眼神确认"更能够培育小兴趣商业。

 2021年4月上海浦东金桥新开了一个商场叫LaLaport，那里有一个18米高的巨型高达，所以那里也被叫作高达基地。我在和一些做商业地产的企业家沟通的时候，他们讲今天的空间表现都面临着数字化转型，但其实他们普遍认为这并不重要，但是内容化转型、IP化转型特别重要。这背后是不是也代表着我们正在迎来以用户个性化表达为中心的新时代，而数字化是这个时代更加强有力的助推器？

吴伯凡 数字化是工具，它会在新黑客时代的衍生经济中扮演很重要的角色。不是纯粹意义上的技术，而是从底层不动声色地进行改变、植入、驾驭，逐渐确认你的眼神，解读你的眼神，同时通过塑造你的内心来塑造你的眼神，是一种迎合式同步。

吴 声 其实快手电商的"老铁吸引力法则"也有类似的地方，跟抖音电商很不一样。

吴伯凡 抖音跟淘宝比就特别像"一元经济"，而跟快手比就特别像淘宝。快手现在最纠结和分裂的问题就是该向抖音靠拢还是继续做"老铁"，快速搞业绩，通过广告模式获取收入，这种"眼球经济"赢利很快，相对地，眼神经济赢利很慢，但更有前途，这是他们的一个坎儿。

吴 声 所以小兴趣并不是简单的精准流量，这背后有一种隐秘的连接，一种确定性的关系。

吴伯凡 或者说找到一个生态位，与生态位建立了最细致、最隐秘的关联。生态位不只是空间概念，也可能是心理概念或时间概念，比如最典型的时间生态位蝙蝠，在所有鸟都睡觉的时候它夜出，别的动物通过视觉获取信息，而它通过听觉。

吴 声 从头到尾的运行机制都是不一样的，而不是简单地说我比你看得更清楚。其实小兴趣商业不是从主流大众中挑选了一个小的东西，而是本身就完成了的，与主流不在同一个维度里。

吴伯凡 它实现了平行性，不管多近，永远都不可能相交。此外，可能还会形成某种相互自制的协同，不是相交，而是像鳄鱼鸟和鳄鱼之间的生态位协同，这是最好的状态。

03　灵活随机：
数字时代的"平行世界"

吴　声　今天很多新店特别注重与其他店铺之间的协同性，上海武康路的买手店LOOKNOW楼下是一家精品咖啡店，其实它们的租金、运营、公司都没有任何交集，只是互相导流，这是一种趋势。可以从这一批消费新浪潮中看到，不管是空间零售还是如"BA饰物局"的随机性消费，都展示了小兴趣商业的特征，一是特定，二是灵活。

LOOKNOW提出在重点城市布局城市旗舰店概念。首先亮相的是位于上海武康路的LOOKNOW上海旗舰店。

吴伯凡　过去很少能在一个商业空间中同时看到不同品类，小兴趣商业相比过去是更高维度的商业，就像《三体》中看到有鬼影在走来走去，其实那是更多维的系统。

吴　声　高维度商业会表现为更加颗粒化和精细化，因为数字化的能力能够支持高像素的表达，在多维性的过程中，过去我们认为千篇一律的大场景都开始小场景化。

吴伯凡　你刚才提到的高像素很重要，在现有维度不变的情况下，清晰度变得更高。另一个维度，就像武陵的渔夫从"小孔"中找到了桃花源，今天的商业是不是也出现了隐秘的新世界，别有洞天，开启一个新维度？

吴　声　甚至表面上看起来已经无懈可击了，或者说被大量的竞争"红海化"了，但它又找到了一个缝隙。"桃源经济"其实代表了数字化的重要性，用户的数字化本身带来的新意义的的确确在改变商业模式。

李　翔　工具和技术本身就会影响和塑造你。桃花源本身有两层意思：一是与现实世界平行；二是进去之后，你会发现里面别有洞天，包含多个维度。

吴伯凡　过去人们总是在把传统商业和数字商业对立分析，其实我们更应该看到技术使得一系列聚集成本大大降低，使得成本几乎是向零的方向发展，这样就会出现更多的"桃花源"。

吴　声　所以我们可以总结一下，今天谈论小兴趣商业，其实并没有聊兴趣到底是二次元、ACG、汉服或是潮鞋，我们更关注的就是数字化带来的"奇门"。用一个我们熟悉的成语"见微知著"，在以小见大的过

ACG即日本动画（Anime）、漫画（Comics）与电子游戏（Games）的英文首字母缩写。

程中，怎样能既于其大观其小，又以其小见其大。但无论大或小都不重要，重要的是多样性带来参差多态的幸福之源恰恰来自小兴趣本身。在基础设施的不断推动下，一个小兴趣长成的同时又催生了更多的小兴趣，让"奇门经济"本身成为这个时代的"桃花源"。

选择"初极狭"，从很小的兴趣切入，就是理解用户的一种形态。小兴趣的确长出了新需求，新需求通过新场景开发开辟了新品类和新赛道，成长为新生活方式，在新生活方式中找到真正意义的小"诺曼底"，就有了立足于稳的意识，从而带来更多可能性，最后发现"小"就是"大"。小兴趣商业并不是一个店，而是一扇门，只有这扇门本身是任意门，我们才能理解市盈率如何从市销率跳到市梦率。从小兴趣中涌现出大量新物种，让我们看到商业的更多美好。感谢吴伯凡老师和李翔老师，我们下一期《观念对谈》再见。

首发书单:
小兴趣商业

LauNch bOOkLIsT:
ThE mINority HoBby busInEsS

01 《亚文化:风格的意义》

运用符号学、结构主义和后结构主义理论,对青年亚文化的个案和共性进行了精辟的分析。

02 《恋物与好奇》

以现代电影、装置艺术和摄影作品为研究对象,探讨恋物与艺术文本的关联方式,以及大众如何以恋物和好奇消除恐惧。

03 《长尾理论:为什么商业的未来是小众市场》

商业和文化的未来不在于传统需求曲线上代表"畅销商品"的"头部",而是那条代表"冷门商品"的经常被人遗忘的"长尾",因为市场已经大大分化。

04 《Z世代经济》

对于未来的影响力逐渐显现,"Z世代"将带来真正的"新常态"。

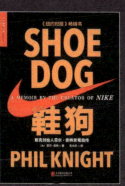

05

《鞋狗》

耐克创始人菲尔·奈特亲自讲述耐克"从0到1"的过程，解析耐克如何成为一个文化标志。

06

《制造音乐》

以一部摇滚音乐进化史，观察时代的青年文化变迁。

07

《别再问我什么是嘻哈》

从街区派对到现代世界的嘻哈化，摇滚是个体，嘻哈是场域。

08

《文本盗猎者：电视粉丝与参与式文化》

粉丝是媒体内容的积极消费者、熟练的参与者，是从中建构自己文化的"文本盗猎者"。

09

《通过仪式抵抗：战后英国的青年亚文化》

当青年文化已经广泛呈现在公共视野中，其实质是对社会变革最为显著的反映和应对。

10

《流行的自我：青年时尚与文化认同》

时尚的认同成为当下青年人自我形成的核心要素，在社会思潮、生活方式、物品及行为模式等各种载体中不断呈现并迅速扩散。

社交效率提升让每个隐秘兴趣的爱好者都能更好地找到彼此、互相支撑，"在热爱中生活"是现实世界中可以到达的乌托邦。生长在边缘、离散圈层的"小兴趣"怎样释放出潜在而独特的商业价值，数字时代的小兴趣商业又怎样完成从小众到主流的观念跃迁，小兴趣商业的代表品牌是重要的参照对象。

（1）十三余：

汉服国风品牌，创始人为B站千万粉丝级国风UP主小豆蔻儿。旗下主要产品包括原创汉服、国风服饰、鞋靴箱包、家居用品等国风日用消费品，已获过亿元人民币A轮融资。十三余聚焦内容创作和供应链搭建，致力于国风文化的年轻化传播与普及。

首发盘点：

"小兴趣商业" 代表品牌

此次对"小兴趣商业"代表品牌进行盘点，希望在众多新奇的小兴趣中找到其作为商业方法论的因循规律，探讨哪些小兴趣品牌已经成为"明星"、哪些还在路上，当下的技术融合、新基础设施完善、亚文化繁荣，对于今天的商业来说又代表着怎样的机会。我们盘点并选取了超过30个小兴趣品类的35个代表品牌，带你置身"小兴趣商业"的新奇世界。

（2）Taste Room 忒斯特酿造：

来自杭州的生活方式精酿厂牌，由一群"嗜酒如命"的艺术家与设计师组建。这家专业的酿造公司，酿造多款带着设计态度的精酿酒饮，将酒精作为链接艺术与生活的媒介，长期致力于创作与酿造富有中国当代美感的酒精饮品。

(3)北平机器:

本土精酿啤酒品牌,创始人李威在创立该品牌之前,做了16年的央视主持人。北平机器自己的精酿酒厂供应在北京、厦门的4家线下酒馆。在保证啤酒品质的同时注重与本地饮食和本土文化的融合,主办北平机器煎饼节。北平机器希望打破人们对中国传统酒文化的偏见,让精酿啤酒可以在酒吧之外的场景中出现。

© 图源于官方微博

北平机器

(4)漫品:

福州漫品文化创意有限公司于2013年涉足粉丝圈经济的相关领域,是兼具设计、开发、生产等能力的棉花娃娃工厂,旗下多款玩偶及衍生品的品质得到广泛认可。此外,漫品还与《隐秘而伟大》《唐人街探案3》等综艺节目和影视作品展开合作,推出IP娃娃系列,吸引了大量的棉花娃娃玩家。

© 图源于官方微博

(5)泡泡玛特:

成立于2010年,是一家覆盖潮流玩具全产业链的综合运营平台。发展十年来,围绕艺术家挖掘、IP孵化运营、消费者触达以及潮玩文化推广与培育四个领域发力,于2020年在港股挂牌上市。致力于创造潮流,传递美好。

© 图源于官方微博

（6）MRX密室：

全机械真人版密室，其中X表示未知、无限。相比普通的小成本密室逃脱游戏，MRX密室除了为玩家营造一个完美的故事场景以外，更在游戏机关的技术含量上花大成本打造，使玩家真正体验到密室逃脱的乐趣。

© 图源于官方微博

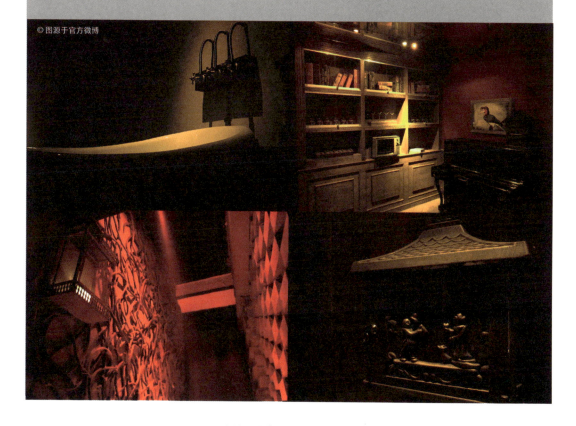

（7）PALACE：

创建于2010年的英国著名滑板品牌，习惯以家族自称而非滑板公司，注重"大家庭观"（It's a family）。因其标志性LOGO潘洛斯三角杯而为大家所熟知。创始人所期待的PALACE不是表达滑板技巧的高超，而是一种街头态度。

© 图源于官网

（8）Bearbrick（积木熊）：

日本Medicom Toy公司出产的一款玩具。2001年8月正式推出第一代，至今已经发展成一个非常庞大的家族。作为潮流玩具元老之一，发展至今的Bearbrick已经成为一个文化载体。而潮流元素、街头文化、电影元素的融入，使得Bearbrick成为全新的艺术品。

© 图源于官网

（9）国誉：

一家创立于1905年的日本国民文具品牌，致力于学生文具、办公文具等产品的设计、研发、制造和销售，其中诞生于1975年的Campus笔记本开创了无线装订技术的先河，180度平摊的设计为书写者带来更加舒适的使用体验。随着手账文化的兴起，国誉已经从文具品牌进化成记录日常、自我管理的生活方式品牌，其自我手账系列在手账圈颇受好评。

© 图源于官网

（10）HOBONICHI：

日本手账品牌，创立于2002年，于2017年上市。创始人糸井重里是日本知名散文家、作词人。"HOBONICHI"在日语中写作"ほぼ日"，意思为"几乎每天"，最初的设计理念就是让每一天都有充实的感觉。该品牌创新地将手账的外壳与记录行程的日程本分开销售，每年的限定版甚至要摇号才能购买。

Writing comfort level

© 图源于官网

（11）Teenie Weenie：

少女服装品牌。在经典复古学院风格之外，以独特的熊形象、熊家族故事为品牌创作蓝本，融入更多潮流设计元素，成为当代新复古学院风格的标志性品牌。其JK产品线将品牌经典的校园风和JK制服的青春活力默契融合，推出 Teenie Weenie 春季校园系列。

JAMES LEWIS
His favorite pastime is fun

TEENIE WEENIE
ALL THAT BEAR

© 图源于官网

（12）MT和纸胶带：

风靡全球的日本品牌MT和纸胶带，1923年起源于汽车工业领域的喷漆防护胶带，不但可以多次使用，撕下后也不会在表面留下背胶。品牌设计师Kamoi Kakoshi CO.,LTD.在此基础上采用著名的washi paper(和纸)，将各种元素融入其中，诞生了MT和纸胶带。除了普通胶带的功能，也可以在上面写字、用作剪贴素材或包装礼物，甚至在居室内任意拼贴组合，创造独特的视觉效果，装饰生活。

© 图源于官网

（13）DBH：

中国新兴滑板品牌之一，创立于2010年，截至目前在全国有300多家店铺。DBH取自DO BY HEART 的首字母，代表"用心做"的理念。创作团队从滑板用户变成了滑板厂商，带着对产品的了解和热爱设计和生产滑板，致力于为更多的中国滑手提供更适合他们的滑板，让中国有自己的滑板文化。

© 图源于官网

（14）信的恋人：

中国原创明信片品牌，创立于2008年。作为明信片文化的忠实革新者，秉持"为了更好的生活"信念推出了多款明信片，倡导更细致地去挖掘时代的沉淀与生活细节，产品线包括明信片及围绕着生活的一系列设计文具。

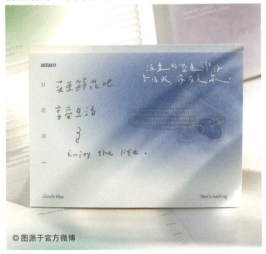

© 图源于官方微博

（15）史明克：

德国水彩颜料品牌，成立于1881年，是世界艺用顶级颜料品牌。主要致力于生产高品质的供艺术家、设计师和学生使用的油画颜料、水彩颜料、色粉棒、水粉、丙烯、丙烯墨水、版画颜料等，也提供原厂媒介剂及各种底料和新型媒介剂。因其产品极高的品质而广受各界艺术家好评。

© 图源于官网

（16）Jumbo：

1853年成立于荷兰的著名拼图公司，专注于开发、制造和销售游戏拼图和玩具。Jumbo的拼图在盒子上是看不见成图的，需要根据提示一步步完成，包括悬疑拼图、隐藏拼图、想象拼图、漫画拼图等。

© 图源于官网

（17）Myethos：

以童话故事为原型的手办品牌，风格偏日式，来自中国杭州，被粉丝誉为"中国之光"。创始人镜叔在手办界有一定的名气，在几大电商平台都有店铺。知名产品有"崩坏学园希尔""莉莉丝another白兔""崩坏芽衣"等等。

© 图源于官方微博

（18）DollZone：

国内高端动漫人形娃娃设计公司，成立于2005年，是集BJD（球形关节人偶）和其他高端动漫人形娃娃开发、生产、销售于一体的专业化企业，中国高端动漫人形娃娃的开创型企业，目前也是国内规模最大的一家。

© 图源于官方微博

（19）dodowo：

专注于文化衍生品的策划、设计、开发、生产及销售。成立至今，一直致力于为大家带来有趣、可爱又好玩的周边产品，知名作品有"出蜜桃猫""啾之回忆""蔬菜精灵""猪小屁""灵笼"等系列。其中，"蔬菜精灵"系列在B站众筹获得成功。

© 图源于官方微博

（20）X11：

国内的全球潮玩集合店连锁品牌。 涵盖了盲盒、手办、BJD 娃娃、拼装模型、精品模型、二次元周边、图书、潮流饰品、潮流文创以及艺术潮玩，共十大品类。X11通过连接潮玩品牌、IP资源及设计师群体，为人们构建新式潮流文化空间和平台，创造年轻世代的潮玩艺术文化。

© 图源于官方微博

（21）社会滑板：

国内首个滑板品牌，创立于2001年，是一个能代表中国本土的滑板品牌。持续的品牌活动包括组建社会滑板队、组织独立音乐会、创作视觉影像和音乐等。已经是国内滑板文化发展史的重要组成部分。

© 图源于官方微博

（22）Gogogo：

© 图源于官方公众号

一家户外生活俱乐部，主要集结露营装备、户外服饰以及志同道合的出行伙伴。主理人是一群户外生活爱好者。以Glamping精致露营的方式，鼓励大家走到户外，感受绿地、田野、山丘、湖泊，拥抱大自然带来的喜悦和能量。

（23）我是迷：

内容游戏化社交平台，拥有3000万APP用户、43家门店和4个超大型沉浸剧。"明星大侦探"官方指定推理社交APP。至今已获5轮融资，规模达数千万人民币。

（24）Blue Note爵士乐俱乐部：

爵士音乐现场表演机构，1981年创建于纽约。在中国的两家俱乐部分别位于北京和上海，向顾客提供音乐、餐饮、艺术的全方位现场体验服务。每一年，Blue Note会在全球操办数千场专业演出，并举办自己的爵士音乐节。

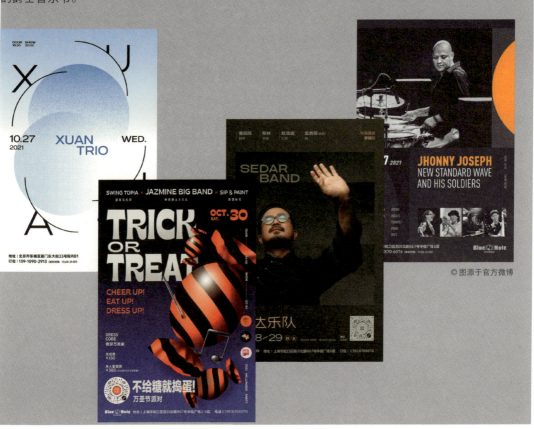

© 图源于官方微博

（25）TINYL：

一家以音乐硬件开发及艺人周边研发设计为主，以打造实体产品为导向的全新音乐文化品牌。明星产品mini黑胶蓝牙一体唱片机，希望通过唱机mini化、时尚化，让其成为音乐文创礼品与潮流玩具。TINYL的品牌理念是以潮流玩具的形式再现实体音乐文化，迷你唱片店是其将要打造的新业态。

©图源于官方淘宝店

（26）龙魂人形社：

龙魂文化发展有限公司旗下主力品牌。2009年初成立至今，一直以创作中国BJD（球形关节人偶）一线原创品牌为理念，现已拥有完善的销售服务体系、专业的设计开发团队和自主独资工厂，被誉为中国原创BJD的最强娃社。

©图源于官方微博　⑤@龙魂人形社

（27）智高：

以IP文化为核心的儿童产业运营商。创建于1989年的智高集动漫文化创意、少儿主题体验连锁经营、文具产品研产销等于一体，是一家综合型儿童文化创意企业。智高文创从一家专营文具生产的公司发展成现在的上市企业，以自己独特的转笔文化带领潮流。

© 图源于官方微博

（28）天邪鬼工作室：

日本知名兽装制作工作室。自2010年创立至今，已制作了大量的毛装角色，发送到世界各地。每一个在工作室中诞生的角色，均由热爱毛装的成员们亲手制作。

© 图源于官方微博

（29）ARAI：

品牌创立于1950年，是世界范围内久负盛名的顶尖头盔品牌，圆蛋盔型与多段式泡棉内里充分保证了骑行与赛车的安全性，大胆鲜亮的彩绘配色也颇具特色。数年前，ARAI采用ASTRO-IQ头盔型号，推出"ORIENTAL浮世绘/东方龙日本和风"头盔，与众不同的外观设计赋予头盔艺术欣赏价值。

（30）树莓派：

尺寸仅有信用卡大小的小型电脑，由英国树莓派基金会开发，目的是以低价硬件及自由软件，促进学校的基本计算机科学教育。树莓派是基于Linux的单片机电脑，可以连接电视、显示器、键盘、鼠标等设备使用，能替代日常桌面计算机的多种用途，广受硬件发烧友群体好评。

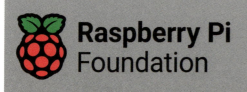

© 图源于官网

© 图源于官网

（31）XMD（X-MAN DESIGN）：

©图源于官网

奇艺魔方格旗下的旗舰品牌，由著名魔方设计师张小静于2015年创立，专注于高品质、高性能魔方产品的研发设计，为魔方爱好者打造最顶尖的速拧魔方产品。该品牌自创立以来已推出多款具有里程碑意义的传奇魔方产品，截至目前累计打破世界纪录38次、洲际纪录114次，成为全球知名魔方品牌。

影 六阶
Shadow 6x6.

（32）回归线：

创立于2013年，以手编纱线为主要产品，包括各类高质量毛线、编织工具和部分成品。淘宝旗舰店粉丝超过30万，日常进行手工毛线编织直播互动，聚集了大量毛线编织爱好者。"回归线"的品牌含义是陪伴着城市里忙碌的人们，慢下来并回归到生活的本质。

回归生活的本质。

回归线

Love yarn

（33）Seacam：

专注潜水摄影的数码品牌，创立于1989年，创始人哈拉德·霍多施（Harald Hordosch）本身有着摄影师和潜水员的双重身份。当前的产品线包括五个不同品牌的浅水潜水外壳以及旗舰产品：SEACAM银色尼康D5和D850、佳能1DXMKII和5DMKIV、SEACAM微单索尼A7III/R。

SEACAM
silver

（34）生气斑马：

创立于2020年的新锐妆发品牌。以"实验室级黑科技+不设限色彩主义"，打造适合亚洲人发质且不伤发的头发彩妆品牌。产品主要包括染发剂、假发片、头发类彩妆及烫染护理等美发产品。目前已获得 Pre-A 轮投资。

©图源于官网

（35）HARO：

1978年由鲍勃·哈罗（Bob Haro）在加州创立的山地车品牌，以年轻潮流的BMX与山地车为主力。自从发明世界上第一台自由式BMX单车Freestyler以来，HARO已逐渐从一个人名、一个自行车品牌，成长为极限单车运动品牌中的领导者。

国潮墟市 国潮墟市 国潮墟市

@伍德吃托克

深圳市南山区
华侨城创意文化园

YOU成都 × 后市场POSTMARKET

Café 13:00-18:00

月序章
STREET

NO.2

品名称

一夜暴富☒

逛T街 o(*^@^*)o

有一束花花

买到喜欢的东西

假期无限长

开心每一天

应收款：请到现场结账。

结账日期：

2022 01/15－01/16

10:00－21:00

10:00－20:00

数量	金额
1.0	
1.0	0.00
1.0	0.00
1.0	0.00
1.0	0.00
1.0	0.00

心愿达成

首发预告：

数字市井

LauNch TrailEr
DiGital NeighbOrHood

市井烟火曾是我们的生活本身，不知何时起却成为了一种情结。而今在数字化浪潮之下，"消失的附近"正以更有生命力的形式复活，市井被重新定义。我们熟悉而忽视的街坊邻里、在地文化，在技术驱动下诞生出一个个新的具体场景：日常生活的短视频记录分享，菜市场成为新晋网红打卡地。从社交平台到商业地产，市井生活正以多样性回归，市井商业通过数字化重建有温度的信任关系。我们说，这是新场景涌现的契机，也是一场新的数字民俗运动。

新观念，在商业与生活之间